21世纪德语系列教材

DEUTSCHE KURZPROSA
Lesen und Verstehen

德语文学短篇
阅读与理解

李昌珂　王学博　/主编

图书在版编目(CIP)数据

德语文学短篇：阅读与理解 / 李昌珂，王学博主编. 北京：北京大学出版社，2024.10. -- (21世纪德语系列教材). -- ISBN 978-7-301-35435-3

Ⅰ. H339.4

中国国家版本馆CIP数据核字第2024Z5W583号

书　　　名	德语文学短篇：阅读与理解 DEYU WENXUE DUANPIAN: YUEDU YU LIJIE
著作责任者	李昌珂　王学博　主编
责任编辑	朱房煦
标准书号	ISBN 978-7-301-35435-3
出版发行	北京大学出版社
地　　　址	北京市海淀区成府路205号　100871
网　　　址	http://www.pup.cn　　新浪微博：@北京大学出版社
电子邮箱	编辑部 pupwaiwen@pup.cn　　总编室 zpup@pup.cn
电　　　话	邮购部 010-62752015　发行部 010-62750672 编辑部 010-62759634
印　刷　者	北京虎彩文化传播有限公司
经　销　者	新华书店 787毫米×1092毫米　16开本　11印张　266千字 2024年10月第1版　2024年10月第1次印刷
定　　　价	48.00元

未经许可，不得以任何方式复制或抄袭本书之部分或全部内容。
版权所有，侵权必究
举报电话：010-62752024　电子邮箱：fd@pup.cn
图书如有印装质量问题，请与出版部联系，电话：010-62756370

前　言

在2016年哲学社会科学工作座谈会上，习近平总书记指出："一个国家的发展水平，既取决于自然科学发展水平，也取决于哲学社会科学发展水平。一个没有发达的自然科学的国家不可能走在世界前列，一个没有繁荣的哲学社会科学的国家也不可能走在世界前列。"外语学科及外国文学研究是哲学社会科学的组成部分，应当为繁荣我国的哲学社会科学做出应有贡献。通过编写这部教材，编者希望为培养我国德语学科和德国文学研究人才略尽绵薄之力。

德语文学承载着德语地区社会、历史、文化等方面的重要信息。立志要更广博、更多维、更深入地了解、认知德语区域的人、事和社会，成为一个多方位意义上的德语区域问题专家，就绕不开德语文学阅读。中国人珍视自己的文化，德语区域的人同样也珍视自己的文化。文学作为文化的一种载体，里面的思想、智慧、方法和审美，不论相距多么遥远，民心相通、文明互鉴都会因为它们而产生。德语文学又是经过文学家们"如切如磋，如琢如磨"锤炼出来的德语语言表达方式。文学反映生活和表现生活。生活中的几乎所有情形，在通常的德语学习教科书里学不到的，我们都能在文学中读到它们的表达。仅从提高我们德语水平这个角度而言，德语文学阅读的重要性业已不言而喻。2006年《高等学校德语专业德语本科教学大纲》就明确规定了德语文学课程的不可或缺。阅读德语文学作品能使我们的德语语言能力获得提高和升华，能使我们的德语表达更加精准、更加到位，更加富有魅力、表现力和说服力。孔子说："言之无文，行而不远。"有表现力的语言耐听、耐读，同时也塑造着一个人的精神气质。马克思说："外语是人生斗争的一种武器。"面对当今世界百年未有之大变局，我们也格外需要这个武器。外语水平在文学层次上的提高，有助于推动对外传播能力建设和提升讲好中国故事的能力，有利于改变我国目前在国际上声音还比较小，还处于有理说不出、说了传不开的境地。

这部教材以德语文学短篇文本为主，主课文均为德语短篇小说（Kurzgeschichte, Kurzerzählung）意义上的独立、完整的文本，副课文也绝大多数是文学作品，体裁上涵盖短篇小说、寓言、诗歌、随笔等。对于副课文中篇幅较长的文本，编者酌情进行了删节。主课文多出自德语文学名家之手，为德语文学短篇作品在各个时期的经典之作，有的进入了德语区域中学课本，有的已成为德语区域日耳曼语言文学专业大学生的必读篇目。副课文也多是出自德语文学名家作品集，旨在呼应并深化主课文涉及的主题。无论是主课文还是副课文，这部教材都保留了它们原来的德语书写形式，没有按照今天的德语正字法进行改动。这部教材只是对主、副课文里的个别德语词汇做了解释，词汇层面的理解工作更多的需要使用本教材的学生在授课教师的引导下进行查证。在练习题的设计上，这部教材的一个基本思想是不要求学生具有较多文学理论知识，而是引领学生进行"书读百遍，其义自见"式的文本细读和反复思索，从而培养学生的德语语言能力和文学赏析能力。文学作品在文字的间隙里有趣味、气息、象征、语义和张力。通过文学文本的阅读培养学生的审美能力和同理心，这是培养具有思辨能力和跨文化视野的高端外语人才的应有之义。

这部教材内含10个课文单元。前5个单元由李昌珂编写，后5个单元由王学博编写。这部教材适用于德语专业本科生高年级精读课、文学课或者非文学研究方向的硕士研究生的文学课。

李昌珂

2023年12月27日于青岛

目 录

Lektion 1 1
    Haupttext   Fahr ruhig mal 2. Klasse (Gabriele Wohmann) 1
    Zusatztext 1   Frank (Lutz Seiler) 12
    Zusatztext 2   Zugfahrt (Eva-Maria Krämer) 19

Lektion 2 23
    Haupttext   Züge im Nebel (Günther Eich) 23
    Zusatztext 1   Das Eisenbahnunglück (Thomas Mann) 32
    Zusatztext 2   Ein Brief (Ingo Schulze) 42

Lektion 3 46
    Haupttext   Camera Obscura (Judith Hermann) 46
    Zusatztext 1   Die Frau des Weisen (Arthur Schnitzler) 52
    Zusatztext 2   Unverhofftes Wiedersehen
                  (Johann Peter Hebel) 58

Lektion 4 61
    Haupttext   Die unwürdige Greisin (Bertolt Brecht) 61
    Zusatztext 1   Ehe (Simone de Beauvoir) 67
    Zusatztext 2   Liebe (Esther Vilar) 72

Lektion 5 74
    Haupttext   Der Mann und die Frau und das Kind
                  (Ernst Schnabel) 74
    Zusatztext 1   Die drei dunklen Könige (Wolfgang Borchert) ... 81

Zusatztext 2	Gedanken über die Dauer des Exils (Bertolt Brecht)	84

Lektion 6 86
Haupttext	Spaghetti für zwei (Federica de Cesco)	86
Zusatztext 1	Das Fenstertheater (Ilse Aichinger)	91
Zusatztext 2	Schliesslich ist letztes Mal auch nichts passiert (Kirsten Boie)	94

Lektion 7 98
Haupttext	Goethe schtirbt (Thomas Bernhard)	98
Zusatztext 1	Behauptung (Thomas Bernhard)	111
Zusatztext 2	Über Adalbert Stifter (Thomas Bernhard)	112

Lektion 8 117
Haupttext	Die Inseln unter dem Winde (Alfred Andersch)	117
Zusatztext 1	Saisonbeginn (Elisabeth Langgässer)	130
Zusatztext 2	Zentralbahnhof (Günter Kunert)	134

Lektion 9 137
Haupttext	Die unsichtbare Sammlung. Eine Episode aus der deutschen Inflation (Stefan Zweig)	137
Zusatztext 1	Taubers Sammlung (Karl Olsberg)	152
Zusatztext 2	Ich packe meine Bibliothek aus. Eine Rede über das Sammeln (Walter Benjamin)	156

Lektion 10 161
Haupttext	Die Waage der Baleks (Heinrich Böll)	161
Zusatztext 1	Vor dem Gesetz (Franz Kafka)	169
Zusatztext 2	Zeus und das Schaf (Gotthold Ephraim Lessing)	171

Lektion 1

Haupttext

Fahr ruhig mal 2. Klasse

Gabriele Wohmann

Und wie war ich? Bei jedem andern Menschen wäre er des Gelobtwerdens sicher gewesen, aber bei Bitchie wars was anderes, bei ihr wußte man nie, sie kam auf originelle Gedanken und machte Beobachtungen von Kleinigkeiten, die anderen entgingen. Trotzdem, er genoß ihre Gesellschaft, und unter den gegebenen Umständen zog er sie erst recht derjenigen seiner Frau vor. Die hätte ihn zwar auch heute, so wie die Dinge standen, und sie standen saumäßig schlecht, als Sieger im Schlagabtausch mit dem politischen Gegner gefeiert, aber es dauerte ihm allmählich doch zu lang, daß sie mit diesem Bruder Leichtfuß herumzog. Bitchies Zitat – stammte es von einem russischen Schriftsteller? – kam ihm oft in den Sinn. Es handelte von untreuen Ehefrauen. Sie sind wie kalte Koteletts. In dem Zitat kam auch noch irgendwas drüber vor, daß sie zu viel angefaßt worden waren, von andern angetatscht, und genau das traf auf seine Melitta zu.

Melitta! Eigentlich waren sie Propheten, deine Eltern, als sie dich nach der Marke eines Kaffeefilters benannten. Das hatte er ihr neulich an den Kopf geworfen. Und sie hatte natürlich sofort wieder geheult, sie war wirklich ein Filter, grauenvoll durchlässig.

Wie war ich also? Er wiederholte seine Frage hinter der herumwirtschaftenden, bald im Wohnzimmer, bald in der Küche und werweißwo sonst noch herumkraschpelnden Frau her. Er fand sie attraktiv, was ihn immer aufs neue verwunderte, denn sie ging (er dachte manchmal: sie machts absichtlich, sie übertreibt so gern) mit eingezogenem Kopf und hochgezogenen Schultern überm gekrümmten Rücken, als wäre sie zu steif, um sich noch gerade aufzurichten, aber ganz so alt war sie nun auch wieder nicht. Sie hatte einen wundervollen grauen Wuschelkopf, viel mehr Haare auf dem Kopf als seine dreißig Jahre jüngere Melitta, und große dunkle Eulenaugen, Augen wie Geschichtenerzähler. Es war immer unordentlich und sehr gemütlich bei ihr, sie gab den untalentierten Kindern ehrgeiziger Eltern Musikunterricht, Klavier, Geige, Flöte, ihre eigenen Begabungen hatte sie aus Mangel an Ehrgeiz nicht ausgeschöpft, und sie improvisierte ihm gute und reichliche Mahlzeiten.

Du hast getan, was du tun mußtest, sagte Bitchie schließlich.

Was soll das heißen? Ihr würde er Kritik nicht übelnehmen, sogar gespannt drauf war er, falls was Kritisches käme, was es wäre. Das konnte er sonst nicht von sich behaupten. Außer von Bitchie machte ihn schon die geringste Mäkelei, ja bereits das Fehlen der Zustimmung zornig. Du hast geredet, wie du reden mußtest. Du sprichst nun einmal für deine Partei.

Deine Partei. Warum war es nicht auch ihre? Sie mußte ganz schön knausern – nicht ihm gegenüber, da war sie großzügig –, um mit ihrer kleinen Rente durchzukommen.

Ich hatte den Beifall, der andere nicht. Der andere hatte sogar ziemlich viele Pfiffe und Buhs. Bitchie verfiel auf die bei ihr völlig absurde Idee, die Glasfenster ihrer Vitrine sauberzuwischen. Am Boden in der Hocke kauernd und von ihm abgewandt pustete sie ihren Atem gegen das verschmierte Glas und rieb dann an der behauchten Stelle herum. Er sah belustigt dem abwegigen und aussichtslosen Treiben zu.

Wenn du zum Beispiel die Regierung als absolut inkompetent bezeichnest ja ... Er feuerte sie an, gespannt, Tempo Tempo!

Wenn du das tust, die Regierung beschimpfen, dann kannst du sicher sein, daß du das Publikum auf deiner Seite hast.

Allerdings! Du gibst mir also recht. So wie mir die Leute recht gegeben haben.

Tu ich nicht. Die Leute geben dir recht, weil sie sich alle, alle diese kleinen Spießer, wenn sie dir applaudieren, wie kleine großartige Revolutionäre vorkommen. Man muß dagegen sein, weißt du?

Du mußt anscheinend auch dagegen sein. Beleidigt war er nicht, es handelte sich schließlich um Bitchie, sie konnte ihn einfach nicht kränken, aber er merkte, daß er anfing, nachdenklich zu werden. Besser nicht. Sie war eine kauzige Person.

Die Regierung ist in all den vom Moderator angerissenen Fragen inkompetent. Sie muß abgelöst werden. Und der Applaus der Leute zeigt, daß sie genau darauf sehnlichst warten. Auf den Wechsel.

Das waren lauter Leute, die sichs zwanzig Jahre so regiert ...

Vierzehn Jahre.

Also jahrelang haben sie es sich in dieser angeblichen Inkompetenz wohl sein lassen.

Aber du, du zählst nicht gerade zu denen, die sichs wohl sein lassen, oder?

Das kann kein Schmutz sein, es muß was anderes sein, sagte Bitchie zu sich selber, und er dachte, sie stellt sich an, sie spielt wieder mal Theater, markiert die Alte, als sie sich ächzend hochhievte und wieder halbwegs in eine aufrechte Haltung zurückfand.

Denk mal an die Arbeitslosigkeit, sagte er. Er war ihr in die Küche gefolgt, wo sie bei ihren Vorräten nachsah, was sie ihm kochen könnte.

Bitchie sagte: Sie fahren in ihren Autos kreuz und quer, sie haben unaufhörlich Urlaub, ich krieg den ganzen Sommer über keinen Handwerker, die Putzfrau von den Spiekers hat schon wieder Mutterschaftsurlaub, und ich glaub, sie kriegt eine Menge Kindergeld, und besser ausgestattet als zum Beispiel ich ist sie allemal, ich meine mit Geschirrspülmaschine und Gefriertruhe und wasweißich noch, und sie kommt im Auto, ich nehme an, es ist ein *Zweitwagen* ...

Tüchtige schaffens noch, vermutlich rackert ihr Mann sich ab, und zum Glück sorgen die Gewerkschaften für ordentliche Lohnabschlüsse. Ich wars, der den Beifall hatte, Bitchie.

Du hattest deine Haare so komisch.

Das machen die in der Maske. Maskenbildnerei, weißt du, man ...

Ich weiß schon, was die *Marke* ist.

Stimmt ja, dachte er, Bitchie sieht wie eine Süchtige fern. Es war anstrengend, mit Bitchie zusammen Fernzusehen. Unaufhörlich schaltete sie mit der Fernbedienung zwischen den Programmen hin und her, sie tilgte den Papst, nachdem sie hatte mitkriegen wollen, wie gut der noch mit dem Kopf auf den Boden kam, um nach dem Aussteigen aus seinem Flugzeug den jeweiligen Boden des Lands zu küssen, und in der nächsten Sekunde raste ein Männertrupp auf Pferden hinter einer Viehherde her, weg damit, Schimpansen liebten sich lesbisch, aber ehe er das richtig mitbekam, mußte er sich auf eine Geburtstagsparty einlassen, in der es in dem Augenblick zum Streit kam, den Bitchie dafür brauchte, einen Schokoladenriegel gegen einen offenbar etwas weniger interessant gefüllten Schokoladenriegel kämpfen zu lassen: Am liebsten sah sie Werbung.

Deine Frau hat übrigens angerufen, erzählte Bitchie, die jetzt in einem Topf geschälte gekochte Kastanien mit gelben Rüben zusammenrührte.

Hat sie das. Vor lauter Sehnsucht, auweia. Er gab sich cool, denn nur so gefiel er Bitchie. Gut möglich, aber daß diese Neunmalkluge ihm seine gespielte Ruhe und das dazu passende Pokerface gar nicht abnahm. Geruht die Dame, gegenwärtig zu Haus zu sein?

Bitchie schabte eine dunkelbraun mit blaßrot vermischte Masse aus dem Topf auf einen Suppenteller. Sie machte immer kurzen Prozeß, Kochen ging schnell bei ihr, weil sie sofort Herdplatten auf Stufe drei stellte. Bei Melitta mußte man warten, warten, bis endlich irgendwas auf den Tisch kam, für das sich die unerklärlich lange Prozedur und ihre verheißungsvollen Blicke überhaupt nicht gelohnt hatten. Damals, als sie noch die Gnade walten ließ, Mahlzeiten für ihn zuzubereiten. Ob sie von zu Haus aus angerufen habe, wisse sie nicht, war Bitchies Auskunft, die sie um die verwunderliche Aussicht ergänzte, es sei besser für ihn, wenn sie sich aus der Wohnung ihres Gigolos gemeldet hätte. Oder aus einer Telefonzelle.

Dein Essen ist fertig.

Warum wäre das besser?

Wenn du eine Grippe hast, ists auch mit hohem Fieber schneller vorbei, als wenn sie sich lang dahinschleppt und du alles nur so halbwegs hast.

Bitchie saß, die Ellenbogen aufgestemmt, am Küchentisch, ihm, dem ihr Phantasiegericht in Blutwurstbegleitung schmeckte, gegenüber, und sie betrachtete ihn aus den rätselhaften eulenartig weisen und wachsamen großen Augen, diesen Geschichtenerzählern ohne Engagement. Ließe man sich nur lang genug auf diese Augen ein, dann würden sie erzählen! Aber was? Bitchies Augen blickten wirklich nicht gerade fröhlich, fand er, ich nehme sie besser nicht unter Vertrag.

Nennt man das nicht populistisch? fragte Bitchie.

Was denn?

Du redest den Leuten nach dem Mund, oder?

Es geht um die Grundpositionen meiner Partei. Wenn wir nicht aufpassen, daß aus der sozialen Schieflage keine Rutschbahn wird ...

Es schmeckt vielleicht besser, wenn du diese Blutwurststückchen in das heiße Zeug reinsteckst. Wenn die Blutwurst drin schmilzt, sagte Bitchie.

Bitchie, ich bin nicht eingeschnappt, nicht bei Sachen von dir, ich meine, Kritik. Aber vergiß nicht, ich wars, der die Schlacht dort gewonnen hat, vor den Anwesenden und für Millionen vom Bildschirm aus. Vergiß nicht den Beifall. Er kam ja nicht von den Sozialhilfeempfängern, die waren nicht im Studio, das hast du selbst gesagt, es waren diese besseren Leute, Mittelstand ...

Pah, machte Bitchie, na eben drum! Und ich habe dir bereits erklärt, warum diese Leute klatschen. Es ist schick, gegen die Regierung zu sein. Abgeben würde keiner was von denen. Aber sie möchten sich so schrecklich gern als Revoluzzer fühlen, diese ordentlichen satten Leute mit den Gefriertruhen und den Zweitwagen, und sie können den Eintritt für so ein Bonzenhotel bezahlen. Ich nehme doch an, daß es was kostet.

Er wußte es nicht, nahm es auch an.

Fahr mal in der zweiten Klasse, bloß ein halbes Stündchen. Tus mir zuliebe. Laß heut dein Auto bei mir im Hof stehen und fahr in der zweiten Klasse nach Haus. In einem Nahverkehrszug am besten. Bitchie legte ihren Kopf, als würde er ihr zu schwer, in ihre Hände, traurig und doch auch verschmitzt blickte sie auf ihn und seinen guten Appetit. Er aß ziemlich hastig, *er* war nervös.

Was gibts? Er ahnte neue originelle Ideen, die sich in Bitchies unermüdlichem Kopf bildeten: Die Schlacht dort gegen diesen anderen Politiker magst du ja gewonnen haben, für die Leute dort sah es so aus.

Und für Millionen Fernsehzuschauer ebenfalls, ergänzte er.

Aber zu Haus, deine persönliche Schlacht ... für die solltest du endlich mal wenigstens eine Strategie entwickeln. Wie stehts denn so? Was willst überhaupt du selber in dieser ganzen

Affäre? Willst du Melitta wiederhaben? Willst du wirklich?

Was sonst. Er klang ziemlich lahm. Er klang so, als habe er bloß keinen anderen Einfall als diesen, und Bitchie sagte es ihm. Du willst sie wiederhaben, weil du dir nicht vorstellen kannst, was es für andere Möglichkeiten gäbe.

Er dachte an die kalten Koteletts, die sie waren, die untreuen Ehefrauen, zu viel angefaßt. Bitchie fände den Vergleich amüsant. Er lieferte das Zitat ab, und Bitchie fand es wundervoll. Deine Melitta hat sich da am Telefon ein bißchen kläglich angehört.

Wenn sie denkt, daß ich zurückrufe ... ich wüßte ja nicht mal, wohin zurück ... aber da hat sie sich sowieso in den Finger geschnitten.

Bitchie erschreckte ihn mit einem kleinen Aufschrei, und ihr Stuhl kratzte über den Fliesenboden, als sie ihn zurückschob, um aufzustehen. Laß ich dich die ganze Zeit essen und du hast noch nicht mal dein Bier gehabt, noch nicht einen Schluck Bier. Im Kühlschrank hab ich keins, aber warmes hab ich. Magst du warmes?

Es stand längst vor ihm, und er trank sich durch eine Unmenge Schaum zu dem bitteren Geschmack durch, während Bitchie ihn beobachtete, dann – das war so ihre Art – kurz auflachte. Paß auf, jetzt schockiere ich dich wirklich, warnte sie ihn. Aber bei dem Schaum da mußte ich dran denken, wie ich bade. Ich denke zwar jedesmal dabei an den Umweltminister, bestimmt. Bitchie machte ein raffiniert zerknirschtes Gesicht. Weißt du, warum? Ich nehme eine Menge Badeschaum. Ich bin eine Umweltsünderin. Ich genieße.

Er schnalzte mit der Zunge, schüttelte langsam und strafend den Kopf, aber er genoß Bitchie, die ihre Umweltsünde genoß, er konnte nicht anders.

Ich denke an den Umweltminister, bestimmt, du, ich vermute, auch er nimmt wenigstens ab und zu eine Menge Badeschaum und lacht sich ins Fäustchen, und bei all dem andern, was er auch nicht korrekt macht, ich meine, ökologisch korrekt, lacht er auch in sich rein, und dann denke ich an Gott, und dem ists egal, und er weiß, daß es auf das alles schon längst nicht mehr ankommt. Außerdem vergibt er uns. Melitta, mein Lieber, sie wartet wahrscheinlich wie alle Frauen auf ein männliches Machtwort.

Themensprünge sind das! Er seufzte.

Solche Sachen verschmutzen auch die Umwelt, oder nicht? Diese Ehegeschichten, die

Seitensprünge.

Du verstehst ja eine Menge davon. Bitchie, wie war dein Vorleben?

Ich war nie verheiratet, wie du weißt. Und das war sehr intelligent von mir.

Untreue gibts auch außerhalb der Ehe.

Sie wartet auf dein Machtwort.

Melitta mochte ja ein dummer Filter sein, eine richtige Sickergrube, aber für männliche Machtworte war sie denn doch entschieden zu sehr moderne, selbstbewußte Frau, nicht gerade eine Feministin, was waren die genau? Aber so was in der Art.

Also, wie stehts? forschte Bitchie. Ihre Augen waren jetzt wie Lupen.

Wie es steht? Er fühlte sich wie eine Mikrobe, die ihre Wirkung als Großaufnahme nicht kennt. Deshalb gab er sich salopp. Wie es steht? Sie pennt mit ihm, wie du weißt. Sie kaufen zusammen ein, er kocht für sie, und sie rasiert ihm den Nacken aus ... Es ist *ekelhaft* ... Er wußte nicht, welchen Schluß er aus dem Urteil ekelhaft nun forsch ziehen und Bitchie servieren sollte. Würde doch schiefgehen. Was man ihr auch vormachte, es ging garantiert in die Hose.

Bitchie war für eine Überraschung immer gut, das kannte er ja, doch mit dem, was sie jetzt zum besten gab, hätte seine Phantasie selbst bei wildester Ausschweifung nicht gerechnet.

Dann steht ja alles zum besten, lautete ihre Diagnose, ein trauliches, ja eheähnliches Idyll, so wie er es ihr geschildert hatte. Wunderbad. Mit allem Einkaufen, Kochen, Nackenausrasieren. Sehr gut. Es steht gut.

Hast du mir nicht richtig zugehört? fragte er, und: Gibts noch einen Nachtisch?

Du kannst! *Cinetti* haben oder wie dieses neue italienische Eiscremewunder heißt. Bitchie holte den gelben Plastikbecher aus dem Kühlschrank. Doch, sie habe genau zugehört. Klingt ja vielleicht brutal, aber laß die zwei noch ein bißchen so weitermachen. Genauso. Denk an die Grippe mit viel Fieber. Und du hast gesagt, es sieht schon aus wie eine Ehe. Na also.

Was, *na also?* Mir reichts allmählich mit den beiden. Er schlug mit der linken Faust auf den Küchentisch, aber nicht zu fest, um sich nicht weh zu tun, die rechte brauchte er aufgefaltet zum Eisessen. Und wieder hatte er keinen blassen Dunst davon, wie er sein *mir reichts* eigentlich zur Tat machen sollte. Dieses allmählich außerdem, es tönte ihm selber als leere

190 Drohung in den Ohren.

Es sieht schon aus wie Ehe. Bitchie schaute dunkel und klug auf ihn, während sie ein Wort vom andern absetzte. Und die Ehe, nimms mir nicht übel, war deiner Melitta ja offenbar ein bißchen langweilig geworden. Mein guter Junge, tut mir leid, aber du bist doch nicht dumm. Du mußt doch mittlerweile verstanden haben, was ich meine, wenn ich dir rate: Laß sie noch
195 so weitermachen. Was Besseres kann dir nicht passieren. Bitchie sah sich in ihrer Küche um. Also viel Haushalt, sagte sie. Haushalt, den hatte sie bei dir. Und nun bei ihm.

Er witterte eine Chance, und doch, er verstand kein Wort. Aber schon glaubte er ihren Gedankengängen, die ihm zum hundertstenmal verschroben vorgekommen waren, und dann hatte immer sie recht behalten, sie oder ihr Instinkt. Sie war ein Mensch, der das entscheidende
200 Geheimnis hütete.

Erklärs mir mal deutlicher.

Ist doch so furchtbar einfach. Bitchie schleckte jetzt auch Eis, aber weil sie alles grotesk machen mußte, vermischte sie das Eis aus einer angebrochenen Packung – *Vorsicht. Salmonellen, sagte sie* – mit einem Puddingrest und Himbeeryoghurt. Was heißt da: erklären?
205 Ich kann nur wiederholen. Sie kaufen ein und so weiter und so weiter, und es wird täglich eheähnlicher, und genau deshalb wirds langweilig. Ihre Geheimwelt wird Gewohnheit. Ihre Riten werden Routine. Sie lesen sich eines schönen Tages nicht mehr aus einem Buch vor, sie hat plötzlich, obwohl er im selben Zimmer ist, der große Held, die Seelenruhe, ja, sie hat die Ruhe weg und vertieft sich in eine blöde Illustriertengeschichte oder liest alles über die neue
210 Frisurmode.

Tut sie nicht. Melitta liest keine Illustrierten.

Egal, ist ja nur ein Beispiel, laß sie was anderes lesen, irgendein Frauenbuch über Frauen. Meinetwegen liest sie auch Hegel. Und er bleibt ebenso ruhig, obwohl seine wundervolle Angebetete im selben Zimmer ist, und glotzt auf die Sportschau oder sortiert Briefmarken. Für
215 die Liebe werden sie immer öfter zu faul, du weißt, was ich meine, sie machen es kaum noch, es ist so unbequem. Warts ab, deine Melitta wird merken, daß es wie Ehe ist. Und dann kommt sie in *ihre* Ehe zurück. In *eure*.

Vielen Dank, sehr schmeichelhaft. Du malst ein großartiges Bild von der Ehe, Bitchie. Er lachte. Ich müßte beleidigt sein, aber ich bins nicht. Nur frag ich mich, was du von der Ehe weißt.

Zweimal war ich kurz davor. Bitchie machte ein bestürztes Gesicht, so als ergreife es sie jetzt noch, davongekommen zu sein.

Und höchstwahrscheinlich noch ein bißchen öfter in Affären verwickelt gewesen, in ihre solistischen oder in die verheirateter Leute oder beides. Vermutlich hatte sie recht. Eine Frau wie Bitchie bedurfte außerdem gar keiner Erfahrung. Ihre Phantasie war mehr wert als Hunderte von Erfahrungen der meisten Leute, die kein Talent zur Beobachtung hatten und gar nicht mitkriegten, was mit ihnen passierte.

Und ich hab auch recht mit meinem Urteil über dein Fernsehduell, und über die braven Spießer, die gegen die Regierung anklatschen. Halte das nicht für *deinen* Beifall.

Zwar bin ich wieder nicht beleidigt, weil dus bist, Bitchie, nur deshalb, denn in dem Punkt glaub ich nicht, daß du recht hast, antwortete er und versuchte, ihr einen Abschiedskuß irgendwohin ins blasse Gesicht zu pflanzen, aber sie zog wie immer im Augenblick, in dem der Abschiedskuß bevorstand, den Kopf ein, und seine Lippen tauchten in ihren warmen grauen Wuschelkopf, weiche Landung in den Haaren, die sie in die Stirn kämmte.

Aber in der zweiten Klasse fuhr er sogar. Nicht gleich an diesem Abend. Ein paar Wochen später ergab es sich so. Er mußte eine Dienstreise mit der Bahn machen, und ein Eilzug zwischen zwei Kleinstädten befuhr die Strecke ohne erster-Klasse-Wagen. Ehe er noch so richtig ärgerlich werden konnte, kam er angesegelt, Bitchies Vorschlag, zu ihm, der wieder einmal eine Polemik gegen die Regierung und flammende Liebeswerbungen, Ziel: der *Kleine Mann*, Schwerpunkt: der *Arbeitslose*, die gerechte *Umverteilung* hinter sich hatte. In der Vierersitzgruppe dicht hinter seinem Platz tat sich ein mitteljunger Mann wichtig. Er gestikulierte mit seiner Bierdose in der erhobenen Hand, und wenn er nicht die schönen blonden Haare eines Mädchens und die schönen blauen Augen eines anderen Mädchens rühmte, schwadronierte er in eigener Sache, er war einfach der Größte, er kam dem Staat auf die Schliche, ließ sich nicht reinlegen, im Gegenteil, er war derjenige, der den Staat reinlegte, und dann lachte er fatal, wie bei einer Prügelei. Ich werd doch kein Trottel sein und auf die fünfhundert Mäuse verzichten? Bei zweitausendeinhundert Arbeitslosengeld geh ich doch

nicht für tausendsechshundert arbeiten? He, schönes Kind, sag selber, fünfhundert Möpse sind fünfhundert Möpse, kannst zigmal zum Friseur dafür laufen. Bin ich ein Blödmann? Bin
250 ich nicht. Ich geb tierisch acht, wenns um die Kohle geht. Ich bin Schweißer, ich bin sogar ein guter Schweißer, aber reinlegen laß ich mich deshalb noch lang nicht. Arbeiten will ich ja, wer sagt denn was anderes, aber doch nicht, wenn ich mit zweitausendeinhundert Piepen um fünfhundert lausige De-Em besser dasteh als mit den lumpigen tausendsechshundert. Wenn die in meinem Beruf für mich nichts finden, dann finden sie eben nichts, ich mach nicht
255 irgendeinen Quatsch, bloß damit sie mich los sind, ich bin nicht der Depp, der dafür einsteht, daß die da oben ihre Hausaufgaben nicht machen, sind ja totalsten am Ende, und wenn die mit der Wirtschaft nicht klarkommen, ich komm klar, aber mit meiner.

Der Mann ließ sich gern von den andern feiern.

Er sagte zu Melitta, der ein offenbar doch immer noch nicht ausreichend eheähnlicher
260 Nachmittag mit ihrem Liebhaber einen rosigen Schimmer übers Gesicht breitete (aufgeregte Augen trotz ihres unschuldigen Getues: oh Bitchie!), sie solle ihm aus dem Weg gehen. Es wäre mir lieber, du würdest eine Zeitlang mit deinem Typen leben, nicht mehr das Hin und Her zwischen hier und dort, richtig zusammenziehen.

Aber nein, ich ...

265 Doch. Mir wärs lieber. So richtig zusammen mit ihm, so richtig mit allem Drum und Dran und Wäschewaschen, Knöpfeannähen, was so anfällt, Kloputzen, und so weiter.

O nein, ich will ja bald ... ich will ja bei dir sein. Melitta schmiegte sich an ihn, aber er merkte, wie glücklich sein Befehl sie erregte und wie sie kaum abwarten konnte abzuhauen.

Das versteh ich nun zwar gar nicht, sagte sie, sie, die innerlich schon die Koffer packte, als er
270 dachte: Wehe, Bitchie, du hast nicht recht.

Also das kapier ich nicht, wiederholte sie in einem künstlichen Unglück, schlecht gemacht, nachdem er zum zweiten Mal gesagt hatte: Fahr ruhig mal zweiter Klasse, und nicht bloß eine halbe Stunde, fahr du ruhig mal zweiter, mach das.

Lektion 1

Vokabeln:

1. *Gigolo*: ein Mann, der sich für seine Aufmerksamkeit bezahlen lässt
2. *mit dem Geld Knausern*: übertrieben sparsam mit dem Geld umgehen
3. *sich rackern*: schwer arbeiten, sich sehr anstrengen
4. *keinen blassen Dunst haben*: keine Ahnung, keine Idee, keine Vorstellung haben

Arbeitsaufgaben:

1. Welche Informationen entnehmen Sie aus den ersten beiden Abschnitten?
2. Was wird durch die Formulierung „Damals, als sie noch die Gnade walten ließ, Mahlzeiten für ihn zuzubereiten" (Zeile 91) ausgedrückt?
3. In welcher Situation und wo findet sich die Erzählung statt?
4. Suchen Sie drei idiomatische Wendungen und erklären diese Ausdrücke!
5. Deuten Sie den Vergleich „Augen wie Geschichtenerzähler" (Zeile 22)!
6. Informieren Sie sich über die deutsche Rentenpolitik und Kindergeldpolitik und schreiben Sie einen Bericht darüber.
7. Wann zwingt die Autorin den Leser, genau aufzupassen? Beachten Sie den Perspektivwechsel im Laufe des Gesprächs.
8. Wie kann man sich die Beziehung zwischen der Frau und dem Mann denken?
9. In welchem Verhältnis stehen der Mann und seine Ehefrau?
10. Will die Frau, dass der Mann mit seiner Ehefrau wieder zusammen kommt?
11. Was rät die Frau dem Mann? Macht er es?
12. Was ist eigentlich mit dem Rat gemeint?
13. Was hält der mitteljunge Mann vom Sozialsystem?
14. Wie steht er zum Bezug von Arbeitslosengeld?
15. Ist der Rat des Mannes an seine Ehefrau „Fahr ruhig mal ..." (Zeile 273) identisch mit dem Rat der Frau an ihm?

Zusatztext 1

Frank

Lutz Seiler

Ihr letzter Abend. Das Mädchen am Stehtisch vor dem Eingang trug die blau-gelbe Uniform des Restaurants, einen kurzen Faltenrock und eine Art Bluse mit Schulterstücken und goldenen Knöpfen. Wollte man warten, war es üblich, ihr einen Vornamen zu nennen, den sie aufrief, sobald ein Tisch frei wurde. Färber hatte in den Wochen zuvor die Erfahrung gemacht, daß sein
5   Vorname zu kompliziert war für die Türsteher der Restaurants; er hatte sich einen einfachen Namen zugelegt. Unangenehm war, daß er ihn jetzt wiederholen mußte, das Mädchen hatte Hank statt Frank verstanden. Ich hätte es bei Hank belassen können, dachte er, aber er hatte sich an Frank gewöhnt, Frank.

Ein Teil des frischen, von der Hitze aufgeweichten Asphalts war zwischen die Uferteine
10 gekrochen. Oder man hat ihn benutzt, um die Steine besser gegen den Wellengang zu befestigen – er blieb an solchen sinnlosen Fragen hängen.

Eine Weile standen Teresa und er an dem beleuchteten Strand unterhalb des Restaurants. Der Sand blendete im Halogenlicht, und die Gischt war strahlend weiß oder phosphoreszierte. Ein paar übergewichtige Möwen taumelten ihnen entgegen und drehten mühsam wieder ab. Färber
15 hätte gern etwas gesagt, aber er mußte vorsichtig sein, er mußte sich konzentrieren, daß es, wie Teresa sich ausdrückte, nicht schon wieder etwas Negatives war, etwas, womit er, wie sie meinte, nur seine andauernde Unzufriedenheit abzustoßen versuchte.

Er wollte hinunter ans Wasser, aber Teresa setzte sich auf einen der Steine. Ihre Arme und Beine waren gebräunt, ihr schwarzes Haar lag in einem lose geflochtenen Zopf zwischen den
20 Schulterblättern. Als Teresa bemerkte, daß Färber sie ansah, schob sie ihre Füße in den Sand. An ihrem zweitkleinsten Zeh trug sie einen neuen, silbernen Ring.

Der Parkplatz füllte sich, und immer mehr Gäste kamen die Einfahrt herauf. Färber verstand ihre Bewegungen nicht, die ausladenden Gesten, das Zeigen mit ausgestreckten Armen, mal in Richtung der Canyons, mal aufs Meer, dazu ihre ausgesprochen gerade, fast nach hinten gebogene Art zu gehen, während auf ihren Gesichtern ein Ausdruck unablässiger Vorfreude lag. Daß ich nichts Besonderes fühle, wenn ich den Pazifik sehe, ist das schlechteste Zeichen, dachte Färber.

Er wollte Teresa auf eine Möwe aufmerksam machen, die sich bei ihrem Beutezug in einer der Adopt-a-beach-Mülltonnen (alle Mülltonnen am Meer trugen diesen Schriftzug) verhakt haben mußte – ein Flügel ragte heraus und schlug auf den Tonnenrand, eine Art indianisches Getrommel, das gut zu hören war, wenn der Wind vom Wasser her stärker wurde und die Musik aus dem Restaurant über ihren Köpfen davonschwappte; für einen Moment sah Färber ein paar Obdachlose um die Tonne stampfen, rhythmisch stießen sie ihre Fäuste in die Luft.

Die ganze Zeit über hatte er Teresa nicht angefaßt. In der Blockhütte auf dem Tiogra-Paß war er ihr sehr nah gekommen; aber sie hatte tatsächlich geschlafen. Zuerst war sie erschrocken und wütend gewesen, doch sie mußten leise sein, Luzie schlief auf einem Beistellbett an der Wand gegenüber, ihr Kuschelkissen unter dem Arm. »Faß mich nicht an!«

Später wurde ihm übel. Ein Sonnenstich – obwohl er nur für ein paar Minuten außerhalb des Wagens gewesen war. Warum setzt du auch nie etwas auf deinen Kopf – manchmal hörte er seine Mutter, und Färber murmelte etwas zur Antwort, ihm war schwindlig, und plötzlich hatte er Tränen in den Augen: Faß mich nicht! Laß mich ... faß, faß! Irgendwann mußte Teresa wieder eingeschlafen sein, die Bettdecke fest um ihre Schultern gezurrt und die Füße in den Bettbezug gestemmt – so, wie er sie kannte.

Sie hatten gemeinsam Ausflüge gemacht, normale Dinge, das, was alle Touristen taten, die Wüste, Sierra Nevada, San Francisco und zurück auf dem Highway Nr. 1, die Küste entlang, Richtung Süden. Er wußte, daß die Leute in ihrem Quartier über die Deutschen lachten, weil sie immer ins Death Valley wollten, alle Schweizer und alle Deutschen wollen in die Wüste, dort, wo sie am heißesten ist, warum bloß, hatte ihn Randy gefragt und gelacht. Randy war ihr Vermieter. Bei Luzie hatte er es zu Uncle Randy gebracht, an diesem Abend war sie bei ihm geblieben.

Anders als seine gefräßigen Artgenossen, die mit aufgerissenen Schnäbeln über dem Ufer kreisten und Katzen- oder Babyschreie ausstießen, blieb der Vogel in der Tonne vollkommen stumm. Stumm hämmerte er seinen Flügel auf den Tonnenrand, wie eine Arbeit, die jetzt erledigt werden mußte.

55 Die Westküste war immer Teresas Traum gewesen. Erst unerfüllbar, dann schwierig, wegen Luzie. Zwei von Teresas Freundinnen führten in Los Angeles ein Restaurant mit thüringischen Spezialitäten. Dort, im Holy Elizabeth, hatten sie ihren besten Abend gehabt. Färber hatte Köstritzer getrunken und Krautrouladen gegessen. Die beiden Freundinnen erzählten von ihren berühmten Gästen, von Clint und David und Betty, auf deren Party sie gewesen waren,
60 der gesamte Garten mit Teppichen bedeckt, kostbar wahrscheinlich, und eine Sammlung von vierhundert Lenin-Büsten, das halbe Haus voll – sie lachten, und auch Färber hatte gelacht, erleichtert, und einen Arm um Teresas Schulter gelegt. In den Augen der anderen waren Teresa und er noch immer ein beneidenswertes Paar, jedenfalls glaubte er das.

Unterwegs hatte Teresa ununterbrochen Fotos geschossen, vom Auto aus. Wenn sie nicht
65 fotografierte, legte sie ein Bein auf das Armaturenbrett; sie stemmte den beringten Fuß gegen die Frontscheibe, und manchmal klickte der Ring ein wenig am Glas. Färber hatte nicht nach dem Ring gefragt. Schmuck stammte in der Regel von Teresas Vater, zu jedem Anlaß beschenkte er seine Tochter, kostbare Ketten und immer wieder feingliedrige, silberne Colliers – ein Schmuck, der für den besonderen Anlaß gemacht war, für Kleider mit großem Dekolleté.
70 Vor Färber war ihr das meist etwas unangenehm, zugleich freute sie sich und sagte „Ist das nicht schön?" oder „Genau, was mir steht" und „Hat er nicht wirklich Geschmack in diesen Dingen?".

Sie hatte ihren Sitz bis zum Anschlag zurückgeschoben, ihr Profil war aus seinem Blickfeld verschwunden. Der gebräunte Fuß, die leicht gespreizten Zehen, die hellen, fast quadratischen
75 Fußnägel, dahinter die Landschaft ... Der große Zeh war nicht wirklich der große, verglich man ihn mit dem folgenden, und auch der mittlere war noch ein Stück länger. Färber war fast dankbar für den Fuß. Zugleich stellte der Fuß eine Art Verhöhnung dar: ein fremdes, beringtes Tier, von dem er nichts Sicheres wußte.

Dabei hatte er es immer genossen, mit Teresa unterwegs zu sein. Ohne Teresas Begeisterung,
80 ohne ihre Energie und Fröhlichkeit blieb das meiste blaß, wie im Nebel, es existierte kaum.

Allein fehlte ihm oft der Bezug, eine Art Vermittlung, die er brauchte, um zu sehen und zu hören. Als Teresa ihm einmal etwas in diese Richtung vorgehalten hatte, war er verstummt; es gab keine gute Antwort. Er hatte sich Teresa und Luzie anvertraut, gewissermaßen lebten sie für ihn mit, aber so hätte er es nicht gesagt. Ihre Anwesenheit war wie ein Gewand, etwas, das ihm erlaubte, auf der Welt zu sein. Eine Art Tarnkappe, die ihn verbarg und beschützte.

Der Wind frischte auf, und das Klopfen von der Abfalltonne wurde stärker. Vielleicht ist es auch irgendein anderes, größeres Tier, dachte Färber, ein Seerabe oder ein Albatros. Er hatte beobachtet, daß die Wellen sich vor dem Ufer wie in sich selbst zurückzogen, einrollten und kurz vor dem Aufschlag noch eine zweite, kleinere Welle ausspuckten, die dann wie eine Zunge über das Ufer schlappte und einen feinen, farbig schillernden Schaumrand zurückließ.

Färber lachte und wollte etwas sagen, was ihm als Einleitung für eine Bemerkung dienen sollte, er fühlte sich wie nach einem langen Kampf. Während er sein leises, falsches Lachen ausklingen ließ, wußte er noch nicht, in welche Richtung seine Bemerkung eigentlich gehen konnte, und vorsichtshalber setzte er noch einmal mit dem Lachen an, verhalten, ohne Überzeugung. In diesem Moment wurden sie gerufen. Das Mädchen benutzte ein Megaphon: Mister Frank please! Misses Teresa please! Two places please! Seit zehn Jahren waren sie verheiratet. Für die Trauung hatten sie alle Elemente des Rituals abgewählt: keine Musik, kein Einmarsch, keine Rede. „Und was ist mit dem Kuß?" hatte er gefragt, als es schon fast vorbei gewesen war. „Na, Sie wollen doch gar nichts", hatte die Standesbeamtin gesagt.

Das Mädchen dehnte das a in Frank so lange wie möglich. Sie zelebrierte die Namen der Gäste, als kündigte sie ihr Erscheinen in einer Show oder für einen Boxkampf an. Dauerte es etwas länger, bis die Gerufenen vom Strand heraufgekommen waren, bekam ihr Rufen etwas Fragendes, dann etwas Flehendes, Stöhnendes (sie wußte, daß ihre Gäste sich darüber amüsieren konnten), am Ende aber etwas sehr Bestimmtes, fast Befehlendes, eine Art Urteil, wie es Färber aus dem hohlen, metallischen Ton des Megaphons herauszuhören glaubte.

Fra-a-ank, please, Fra-a-a-ank! Frank!

Obwohl es Färber lächerlich vorkam, mußte er jetzt daran denken, daß an ihrem Hochzeitsmorgen das Auto nicht angesprungen war. Sie hatten das später öfter zum Besten gegeben, es war einfach zu gut, als Geschichte; wie Färber versucht hatte, ihren russischen Zweitürer

110 anzuschieben, die Straße hinunter, wie er, schon vollkommen verschwitzt, losgezogen war, um einen der verhaßten Nachbarn um Hilfe zu bitten ... Fra-a-a-ank! Die Türsteherin stöhnte eine Weile auf seinem a herum. Sie kaute es wie einen zu großen, klebrigen Kaugummi. Und jetzt blies sie ihn auf, langsam: Fra-a-a-nk, please ... Färber dachte an das Achtzig-Euro-Mädchen, das am Ende immer noch im Bett liegen blieb, sich streckte, aufstützte und von ihm abwandte,
115 während er bereits seine Schuhe zuband, mit pochenden Schläfen, seinen Rollkoffer nahm, schon halb auf der Treppe, auf dem Heimweg, der für ihn noch jedesmal das Wichtigste und Schönste war; er gab ihr hundert.

„Danke, mein Süßer. Was ist mit Dienstag?" „Ja, vielleicht, ich ruf dich an." Er kam noch einmal zu ihr zurück. Er berührte sie zwischen den Beinen, wie abwesend. Er trug Jeans, dazu
120 Schuhe mit knöchelhohem Leder, die Teresa Stiefeletten nannte.

„Ja, aber spätestens Montag, Süßer, damit ich mich freimachen kann." Sie führte seine Hand. Er mochte ihre kindische Art, ihre Brüste, das schmale Becken, nur ihre Stimme war ein Handicap.

Fra-a-a-ank!

125 Inzwischen hatten sie den Vorplatz zum Restaurant erreicht. Unter den Halogenscheinwerfern, dicht vor dem Pult mit der Türsteherin in ihrer blau-gelben Uniform warteten die Gäste. Noch einmal der dumpfe, metallische Ton des Megaphons, und für einen Augenblick ahnte Färber, warum all diese Leute hier auftauchten und sich einreihten mit ihren ausholenden Gesten und vorfreudigen Gesichtern, auf diesem frisch geteerten Platz, dessen scharfen, betäubenden
130 Geruch sie alle gemeinsam bereitwillig einsogen. Damit wollen sie nur das Urteil des Megaphons beeinflussen, schoß es Färber durch den Kopf, aber es wird ihnen nichts nützen, und plötzlich spürte er seinen Haß.

Hinter der Türsteherin mit dem Lautsprecher vor dem Gesicht stand ein Junge, der ihre Hüfte locker umschlungen hielt, er trug ebenfalls die Uniform des Restaurants. Färber konnte sehen,
135 daß die Ruferin den Jungen berührte; sie hatte begonnen, Franks a in ein gedehntes Auf und Ab zu ziehen, sie legte alles in den Namen. Sie weiß es, dachte Färber für einen wirren Moment, die ganze vertrackte Geschichte, und dann wieder: Sie weiß nichts, nicht einmal meinen Namen. Ihre Hand ruhte auf dem Oberschenkel des Jungen, als wollte sie dort etwas

verdecken. Sie standen schon unmittelbar vor ihr, als sie noch einmal dazu ansetzte, Frank zu rufen. Färber konnte ihre Augen sehen. Aber es war nur in ihrer Stimme, nicht im Gesicht und nicht in der Stellung ihrer weich leuchtenden Lippen, die Frank in diesem Moment noch einmal aufgenommen hatten, Fra-a-a-nk!

Als die Ruferin ihn entdeckte, brach sie ohne weiteres ab. Sie lächelte, mechanisch, mit halb geschlossenem Mund, please ... Frank war noch dort, zwischen ihren Zähnen, Färber konnte es spüren, plötzlich, und er verkrampfte. Vor einem Jahr hatte er begonnen, sich seine Honorare in bar auszahlen zu lassen, wegen der Steuer, hatte er zu Teresa gesagt.

Das Mädchen schob dem Jungen neben ihr die Liste mit den Namen hin und führte sie an ihren Tisch. Das Megaphon behielt sie in der Hand, beim Gehen schwenkte sie den Apparat, als wäre er auch jetzt noch von Bedeutung.

Färber war erschöpft. Er wäre dem wippenden Faltenrock gern noch eine Weile nachgegangen; er dachte an die kurzen Glockenröcke aus Wildleder, die die Mädchen in seiner Kindheit getragen hatten. Er beneidete den Jungen, er beneidete ihn sogar um seine blau-gelbe Restaurant-Uniform; er kam sich ausgehöhlt und verbraucht vor, als hätte das Leben gerade beschlossen, ihn langsam wieder abzustoßen.

„Faß mich nicht an." Es hätte ihr Abend sein können; Teresa und er, sie hätten getrunken, geredet und sich am Ziel gefühlt. Sie hätten Lobster bestellt und sich an ihren ersten Lobster erinnert. Das Restaurant an der Straße, das nicht ausgesehen hatte wie ein Restaurant; die Tische, die viel zu eng beieinanderstanden; die matt glänzenden Zangen, mit denen sie nichts anzufangen wußten, ihre ganze Verlegenheit, verlegen vor Glück. Färber dachte an den dicken Mann, Teresas erste Affäre. Er hatte ihn nie zu Gesicht bekommen. Einmal hatte Teresa erwähnt, daß der Mann nicht gerade schlank sei, daß er einiges auf die Waage brächte, wie sie sagte, seitdem hatte Färber ihn den dicken Mann genannt. Und daß sie ihn manchmal anspringen würde, hatte sie auch irgendwann gesagt, und daß der Mann dabei ganz fest stehen würde, wie ein Fels, daß er sie halten könne, halten ... Vielleicht erinnerte er sich falsch. Aber es war etwas, von dem er verstehen sollte, daß es darauf ankam, und eine Zeitlang hatte er Teresa beim Einschlafen fest an sich gedrückt. Der dicke Mann fuhr Teresa auf dem Nachhauseweg hinterher, mit dem eigenen Auto, aus der Stadt bis zu ihnen hinaus. Sie verabschiedeten sich um die Ecke, eine Straße vor ihrem Haus, und dann frühstückte der Mann in einer Autobahnraststätte; das alles hatte Färber erfahren, nach und nach.

170 Früher hätten sie den Platz grandios gefunden. Man hatte die Fenster herausgenommen, sie saßen direkt über dem Strand, den Wind im Gesicht. Unter ihnen, im Sand, war eine Tafel mit Gedecken und Windlichtern aufgebaut, die Tischdecken waren mit silbernen Spangen befestigt, einige Stühle schon halb im Wasser. Am Tresen gab es ein paar Leute, die tanzten. Als die Musik eine Pause machte, hörte Färber das Klopfen des Möwenflügels, jedenfalls glaubte er
175 das. Sie sprachen über Luzie – die Schule, der Klavierunterricht, ihr Zimmer, nichts sollte sich verändern für sie. Sie waren sich einig, wie immer. Selbst jetzt tat es gut, mit Teresa zu reden. Am Ende des Abends war Färber betrunken. Er hörte das Klopfen. Es kam aus ihm selbst. Oder von Teresa. Fast hatte er eine Hand auf ihre Brust gelegt. Alles gut.

Vokabeln:

1. *die Gischt*: Wellenschaum
2. *das Dekolleté*: Kleidausschnitt

Arbeitsaufgaben:

1. Wo sind Frank und Teresa? Warum? Wie ist ihre Beziehung?
2. Warum war der Abend mit den Freundinnen der beste Abend?
3. Was ist gemeint mit „sie lebten für ihn mit" (Zeile 83-84)?
4. Woran kann man die ostdeutsche Herkunft des Erzählers erkennen?
5. Wie verstehen Sie den Schluss „Alles gut" (Zeile 178)?
6. Es ist eine Erzählung mit einem umfassenden Fremdheitsgefühl. Nehmen Sie zu dieser These Stellung!
7. Lesen Sie den Liedtext *Was weiß ich von dir?* von Reinhard Mey:
   Ganz still und ganz in dein Buch zurückgezogen
   Im Lichtkreis der Lampe liest du neben mir.

Wohin sind wohl deine Gedanken geflogen,

Auf Flügeln von weißem Papier?

Dies Bild ist mir so lieb, so bekannt, dass ich meine,

Alle von dir zu kennen, so gut wie dies eine,

Doch, was weiß ich schon von dir.

Ich weiß, du wirst gleich das Haar aus der Stirn streichen,

Dann umblättern und ganz kurz aufschau'n zu mir

Und abwesend lächelnd mir eine Hand reichen,

Als spürtest du den Blick auf dir.

Jede deiner Gewohnheiten kann ich beschreiben,

Jeden Zug, jeden Schritt, doch soviel Rätsel bleiben,

Denn, was weiß ich schon von dir?

Ich hab' manchmal deine Gedanken gelesen,

Hab' manches Verborg'ne erraten von dir.

Manchmal bin ich nah' deiner Seele gewesen,

Ein offenes Buch schienst du mir.

So vertraut miteinander geh'n wir unsre Bahnen,

So nah' und doch, wir können einander nur ahnen,

Denn, was weiß ich schon von dir?

Inwiefern könnte das Lied zur Erzählung passen?

Zusatztext 2

Zugfahrt

Eva-Maria Krämer

Ich sitze im Zug und schaue gelangweilt aus dem Fenster. Die Bäume zischen an mir vorbei, so wirkt es jedenfalls. Plötzlich werde ich von einem Gedanken erfasst, setze mich kurz auf und mein Blick wird aufmerksamer.

„Die Bäume zischen doch gar nicht an mir vorbei! Ich bin es doch, der sich bewegt!" Denke ich und schüttele den Kopf bei dem Gedanken, schon wieder nur an mich gedacht zu haben.

„Sind alle Menschen wohl so oder bin ich eine Ausnahme?" Frage ich leise in mich hinein und schaue mich aus dem Impuls heraus im Waggon um.

Es ist heute nicht sehr voll, alle haben genug Platz und fühlen sich wohl. Eine Gruppe Jugendlicher sitzt ganz hinten und hört laut Musik. Sie lachen laut und klatschen sich gegenseitig ab, ein Zeichen für Coolness unter ihnen. Ich bin noch jung, aber diese Welt erscheint mir bereits so fremd, dass ich mich frage, ob ich jemals selber so gewirkt habe. „Wenigstens habe ich keine Musik über mein Handy gehört", denke ich dann befriedigt und muss lachen, weil mir der Gedanke kommt, dass es so etwas zu meiner Zeit noch gar nicht gab. Zu meiner Zeit ... ein Satz meiner Großeltern und schon in meinem Mund. Ich versuche, das laute Dröhnen des Mini-Ghettoblasters zu überhören. Neben mir auf der Bank sitzt ein kleiner Mann mit einem maulwurfartigen Gesicht. Er schaut ins Leere und trägt große Kopfhörer. Die Hornbrille ist mit dicken Gläsern versehen und verdeckt sein halbes Gesicht. Gleichzeitig lässt sie seine Augen grotesk groß wirken und die kleine Knubbelnase unter ihrer Last fast verschwinden. Ich ertappe mich dabei, wie ich ihn eine Weile beobachte und mich darüber amüsiere, wie er sich benimmt. Es gibt schon eigenartige Menschen, warum ich sie gerade immer in der Bahn antreffe, war mir schon immer ein Rätsel.

Plötzlich blickt er mich durch sein Horngestell an; schuldbewusst wende ich meinen Blick, so schnell es geht von ihm ab und sehe geradewegs auf das Titelblatt der Bildzeitung, die der Mann mir gegenüber in Sofa-Haltung liest. Kurz beneide ich ihn. Ich habe mich noch nie in einer S-Bahn wohl gefühlt. Wie auf meinem Sofa könnte ich hier bestimmt nicht sitzen.

Doch Lissy, die „geile Blondine" auf der Titelseite, erweckt in mir ein Gefühl der Dankbarkeit. Glücklicherweise lese ich nicht die Bild in der S-Bahn und benehme mich dabei, als säße ich zu Hause auf meinem Sofa, wie konnte ich diesen Mann auch nur eine Sekunde lang beneiden? Nach dem Studium der geistreichen und informativen Überschriften wende ich mich wieder meinen eigenen Gedanken zu und blicke erneut aus dem Fenster, bemerke nun den

Unterschied. Tatsächlich stehen die Bäume still, wie konnte ich nur meinen, alles habe sich um mich herum zu bewegen?!

Der Zug hält quietschend an einem menschenleeren Bahnhof mit zwei Gleisen. Ich lese die Buchstaben auf dem Schild, doch es ist mir zu mühsam, sie zu einem Wort zusammenzufügen und so sitze ich da, lese das Schild und weiß trotzdem nicht, wo der Zug soeben gehalten hat. Eine Frau ist mit ihrem Kind ausgestiegen und geht nun hektisch den Bahnsteig entlang, den kleinen Jungen mit sich zerrend.

„Da ist doch schon die Antwort!", denke ich und sehe den Jungen mit den blauen Latzhosen an, der verzweifelt versucht, mit seiner allein erziehenden Mutter schritt zu halten. Die anderen Menschen sind wohl genau wie ich: egoistisch.

Die Bahn setzt sich wieder in Bewegung und rattert über die Schienen.

Auf ein Mal höre ich hinter mir Geschrei. Und gleich darauf sehe ich den zum Organ zugehörigen Menschen. Es ist ein schwarzer Jugendlicher. Aber ich gebe ihm Recht. Ausnahmsweise darf er schreien, denn er wehrt sich gerade gegen die rassistischen Äußerungen einer betrunkenen Frau. „Du bis n Neger und gehörs na Afrika un nich na Deutschland!", lallt sie durch den Zug, der Junge hat Schwierigkeiten, sich im Zaum zu halten und erklärt voll Rage, er habe die deutsche Staatsbürgerschaft. Alle im Waggon drehen sich nun zur betrunkenen Frau um und ich weiß nicht mal, ob die Gesichter ihr Recht geben oder nicht. Alle schauen so teilnahmslos. Kein Wunder, es geht sie ja auch nichts an, man hält sich besser raus, wenn die Angelegenheiten das persönliche Umfeld überschreiten. Einige Minuten lang ist die Luft im Waggon zum Zerschneiden. Ich setze mich noch weiter auf und hoffe, der Jugendliche kann sich beherrschen. Doch er schafft es und steigt bald aus.

„Es stimmt.", denke ich. Alle meinen, die Welt bewege sich nur um sie und ich bin leider nicht anders.

Vokabeln:

1. *der Ghettoblaster*: großer, besonders leistungsstarker tragbarer Radiorekorder
2. *die Knubbelnase*: Knollennase

3. *lallen*: unartikuliert, in unvollständigen Wörtern sprechen, stammeln

Arbeitsaufgaben:

1. Warum fragt der Ich-Erzähler, ob er eine Ausnahme sei (Zeile 6)?
2. Was will der Ich-Erzähler sagen, wenn er meint, „Wenigstens habe ich keine Musik über mein Handy gehört" (Zeile 12)?
3. Haben Sie auch etwas erlebt, wo Sie denken, „ich bin leider nicht anders"?

Lektion 2

Haupttext

Züge im Nebel

Günther Eich

Mir hatte die Sache von Anfang an nicht gefallen. Stanislaus meinte, weil es zweimal gut gegangen war, würde es auch das dritte Mal klappen. Mir leuchtete das nicht ein, aber schließlich ließ ich mich breitschlagen. Hätte ich nein gesagt, wäre mir jetzt wohler, und den Schnaps hier hätte ich verkauft, anstatt ihn selber zu trinken.

Wir fuhren am Abend ziemlich frühzeitig raus, Stanislaus und ich. Die Gegend kennst du bestimmt nicht, und ich will dir auch nicht so genau beschreiben, wo es ist. Jedenfalls stellten wir das Auto bei einem Bauern ab, der ist ein Geschäftsfreund von uns. Ich ließ mir ein paar Spiegeleier braten, und Stanislaus ging noch schnell bei Paula vorbei, die ist Magd nebenan. Dann stolperten wir los. Da muß man schon Bescheid wissen, wenn man sich da nachts zurechtfinden will.

Ich war schlechter Laune und sagte zu Stanislaus, er solle das verdammte Rauchen lassen, das ist doch schon beinahe was wie im Steckbrief ein besonderes Kennzeichen. Aber er kann nicht aufhören damit, er raucht von morgens bis abends und noch länger. Er sagte, ich wäre überhaupt ein Angsthase, und das ärgerte mich. Schließlich steckte ich mir selber eine an.

Wir gingen quer über die Felder zum Bahndamm. Es war ein ekelhafter Nebel da, weil es so nahe am Wasser ist. Die Bahn ist eigentlich zweigleisig, aber wo die Brücke gesprengt war, ist erst ein Gleis wieder rübergelegt. Die Züge fahren hier ganz langsam, und das ist eine prima Stelle zum Aufspringen. Und weil ein paar Kilometer weiter wieder so eine langsame Stelle ist, kommt man auch gut wieder runter. Und das ist für uns natürlich wichtig. Ich habe nämlich gar keine Lust, irgendein Stück von mir auf die Schienen zu legen, wenn gerade was drüber rollt. Übrigens stammt die ganze Idee von mir. Ich war drauf gekommen, als ich selber mal die Strecke fuhr und zum Fenster raussah. So eine Idee ist Gold wert, mein Lieber, aber mich kotzt sie jetzt an.

Wir saßen unten am Bahndamm auf einem Stapel Schwellen und froren jämmerlich. Der Nebel schien noch dicker geworden zu sein. Der einzige Vorteil war, daß man in der nassen Luft die Züge von weither hörte. Der erste kam aus der andern Richtung, den konnten wir nicht brauchen. Der zweite war ein Personenzug. Man hörte ihn noch lange, nachdem er über die Brücke gerumpelt war. Dann war es still. Stanislaus rauchte, und hin und wieder tat ich's auch. Wir gingen ein paar Schritte hin und her, um uns zu erwärmen. Stanislaus erzählte seine oberschlesischen Witze, die ich alle schon kannte. Dann sprachen wir von Gleiwitz und von der Schillerstraße, und das machte uns ein bisschen warm. Auf einmal pfiff in der Ferne eine Lokomotive, und wir machten uns wieder fertig.

Der Güterzug, der jetzt kam, fuhr ziemlich schnell. Ich wußte auch genau, daß nichts für uns drin war. Ich habe das im Instinkt. Ich winkte Stanislaus ab, aber der war ganz versessen, er schwang sich auf einen Wagen und schrie: „Emil, nimm den nächsten!" oder so was Ähnliches, und dann war er im Nebel verschwunden. So was Dummes! Den Wagen kriegte er bestimmt nie auf. Aber er weiß immer alles besser. Ich ließ den Zug vorbeifahren und wartete weiter. Warten muß man können. Drei in der anderen Richtung, und ich ärgerte mich schon, dass heute gar nichts klappte. Die Kälte ging mir immer tiefer, und Stanislaus kam nicht zurück, obwohl mehr als zwei Stunden vergangen waren. Ich blieb auch sitzen, als es wieder pfiff, und erst als die Lokomotive vorbei war und ich sah, daß es ein guter Zug war, kletterte ich auf den Bahndamm. Das Unglück wollte es, dass er sogar hielt. Kann man da widerstehen, wenn man so direkt eingeladen wird? Ich hangelte mich hoch, löste die Plombe, und als wir abfuhren, wußte ich schon genau Bescheid, dass es Medikamente waren. Hier und da waren rote Kreuze drauf und so Apothekerwörter. Ein Paket, wo ich dachte, daß Morphium drin sein könnte, schmiß ich gleich raus. Das war natürlich dumm, weil wir nun auf beiden Fußseiten die Sachen auflesen mußten. Aber das hatte ich mir im Moment nicht überlegt, die Gelegenheit war zu günstig gewesen.

Das andere waren alles größere Kisten, die ich so nicht gebrauchen konnte. Als ich die erste aufhatte, fuhren wir gerade über die Brücke. Ich gebe zu, dass der Lokführer trödelte, vielleicht lag es auch an den Signalen, aber ich kann auch sagen, dass ich genau und schnell gearbeitet habe.

Die Kartons, die in der Kiste waren, sah ich mir nicht weiter an. Ich schmiß zwei und noch mal zwei raus, als wir drüben waren. Der Zug hielt schon wieder. Ich guckte raus und überlegte, ob ich absteigen sollte.

Da sehe ich etwas wie eine dunkle Gestalt neben dem Zug und sehe den Lichtpunkt von der Zigarette. Ich rufe. „Stanislaus!" und er kommt rauf, und ich helfe ihm noch. Er knipst gleich seine Taschenlampe an und guckt in die aufgebrochene Kiste, sagt aber keinen Ton. Verdammt noch mal, ich muß in dem Augenblick nicht ganz bei mir gewesen sein, sonst hätte ich doch was gemerkt.

„Nimm deine dämliche Taschenlampe weg!" sag ich zu ihm, weil er mich von unten bis oben anleuchtet und direkt ins Gesicht.

„Ich glaube, wir hören auf", sage ich noch, „mehr können wir gar nicht wegschaffen, bis es wieder hell ist." Und da merke ich auf einmal, was ich für ein Rindvieh bin, und dass es einer von der Bahnpolizei ist.

Ich springe gleich raus und er hinterher. Als ich den Bahndamm runter will, stolpere ich. In dem Nebel wäre ich vielleicht trotzdem entwischt, aber da schrie er „Emil, Emil!" hinter mir her, und das machte mich ganz irre. Es war also doch Stanislaus, wie? So was Verrücktes! Jedenfalls hat er mich auf einmal gepackt, und ich fühlte etwas im Rücken, was bestimmt ein Pistolenlauf war. Ich nahm ganz mechanisch die Hände hoch. „Stanislaus?" frage ich noch ganz dumm.

Er durchsuchte mich und nahm mir mein Werkzeug und die Lampe ab. Waffen fand er natürlich nicht, so was nehmen wir nicht mit, unser Handwerk ist friedlich. Dann zog er mir die Brieftasche heraus.

„Emil Patoka", sagte er.

„Setz dich hierhin!" Und er schubste mich auf einen Grenzstein. „Ich heiße Gustav Patoka."

Er hätte mich nicht so schubsen brauchen, ich hätte mich von allein hingesetzt, so erschlagen war ich.

„Gustav Patoka, so", sagte ich. Ich kannte nur einen Gustav Patoka, und das war mein Bruder.

„Wo sind die Pakete?" fragte er.

„Ich hab' sie rausgeschmissen."

„Wieviel?"

„Vier", log ich, denn so erschlagen wie ich war, eine Hintertür wollte ich mir doch noch aufhalten. Ich dachte an das erste Paket, und dass es drüben auf der anderen Flußseite lag, und dass vielleicht Morphium drin war. Morphium ist immer ein gutes Geschäft. Es gibt Leute, von denen kannst du alles dafür kriegen.

Mir war ganz komisch zumute. Da saß ich und war also offenbar festgenommen. Oder nicht? Und der Polizist hieß Gustav Patoka und war mein kleiner Bruder. Da ging er mit langen Schritten auf und ab. Das war so Gustavs Art, wenn er über was Schwieriges nachdachte. Klar, ich war ein schwieriger Fall.

„Der Zug fährt ab", sagte ich, weil ich dachte, er müßte vielleicht mitfahren. Aber er guckte bloß ganz flüchtig hoch, und dann ging er wieder hin und her, eine ganze Weile, dass es mir immer komischer wurde. Inzwischen rollte der Zug vorbei, das Schlußlicht verschwand auch und man hörte das Geräusch immer leiser in der Ferne. Jetzt waren wir beide ganz allein mitten in dem Nebel. Wo war bloß Stanislaus hingekommen? Ich ärgerte mich, weil er doch eigentlich an allem schuld war. Dieser Idiot, wenn er nicht aufgesprungen wäre, wäre alles ganz anders gekommen.

„Gustav", sagte ich, „wenn du mein Bruder bist, könntest du mir wenigstens die Hand geben, anstatt mich wie einen Verbrecher zu behandeln."

„Was bist du sonst?"

„Hör mal, Gustav, ich mache dir einen Vorschlag. Wir arbeiten bisher bloß zu zweit. Wenn du mitmachen würdest, wie? Ist das keine Idee? Du, ich rede mit meinem Kumpel drüber. Gustav, mach mit! Es lohnt sich! Und du als Polizist, das wäre prima. – Mensch, Mensch – "

Ich wurde ganz aufgeregt, denn das war tatsächlich eine gute Idee. Ich sprang vor Eifer auf und wollte ihn beim Arm packen, aber er stieß mich zurück und sagte: „Halt's Maul!"
Nun ja, er war bei der Polizei, aber er war doch mein Bruder, und einen vernünftigen Vorschlag wird man doch machen dürfen. Ich werde ihn schon noch rumkriegen, dachte ich.
„Wie bist du bloß zur Polizei gekommen?"
„Ich fand keine andere Arbeit, und schließlich ist das doch ein anständiger Beruf. Jedenfalls besser als deiner."
Darüber hätte ich natürlich mit ihm streiten können, aber Reden ist Silber, Schweigen ist Gold.
„Weißt du was von Vater?" fragte ich.
„Ich habe jetzt Nachricht. Er ist im vorigen Jahr gestorben."
„Gestorben?"
„Er war bis zuletzt zu Hause. Ich wollte gerade rüberfahren, ihn holen."
Ich mußte ein bisschen schlucken, denn ich hatte meinen Alten immer gerne gehabt.
„Ich hab's mir gedacht", sagte ich, „ich habe mir gedacht, dass ich ihn nicht mehr sehe. Jetzt wäre er gerade sechzig. Das ist doch kein Alter zum Sterben. Was hat er denn gehabt?"
„Er ist verhungert."
Mein Alter, dem das Essen immer so viel Spaß machte, verhungert! Das waren ja schöne Nachrichten!
„Du bist ein Gemütsmensch", sagte ich.
Und er antwortete: „Das hab' ich vielleicht von dir so angenommen."
Ich muß dir das erklären, warum er das sagte. Er sagte das, weil ich ihn nämlich erzogen hatte. Da wunderst du dich, aber es ist tatsächlich so. Mutter starb bald nach seiner Geburt. Vater musste jeden Tag in die Arbeit. Die Nachbarin half aus, aber weil ich schon acht Jahre alt war, mußte ich das meiste machen, wenn ich nicht gerade in der Schule war. Ich hab' ihm die Windeln gewaschen und hab' ihn gewickelt. Bloß an die Brust konnte ich ihn nicht legen. Ich hab' ein bisschen Mama bei ihm gespielt. Später passte ich auf, dass er sich die Ohren wusch und dass er die Schularbeiten machte. Überhaupt, solange ich zu Hause war, hatte ich mir das so angewöhnt, immer auf ihn aufzupassen. Er lief mir nach wie an der Leine.
Ich sagte: „Ich habe auch nicht gedacht, daß ich dich noch mal sehe."

„Passt dir wohl nicht?"

Das überhörte ich. „Wo warst du denn die letzten Jahre, wo ich nichts mehr von dir weiß?"

135 „In Frankreich, dann im Ruhrkessel, dann in Gefangenschaft."

„Da hätten wir uns überall begegnen können."

„Ist jetzt auch noch früh genug. Oder zu spät, wie man's nimmt."

„Red nicht so dusselig!"

„Und du bist also von Beruf Schwarzhändler?"

140 „Mein Gott, ich verkaufe die Sachen zu den Preisen, wie sie geboten werden. Wie du das nennst, ist mir egal. Außerdem bin ich arbeitslos. Ich bin tatsächlich arbeitslos, ganz ohne Schwindel."

Er glaubte mir das natürlich nicht.

„Und außerdem", sagte er, „bist du ein Räuber und Bandit."

145 „Ach", sagte ich, „darunter habe ich mir als Junge immer was Großartiges vorgestellt. Da hatten wir doch zu Hause ein Buch, weißt du, das grüne mit dem fettigen Deckel!"

„Ja", sagte er, „in der Schublade, wo die Gabeln lagen. Ich kenne doch das Buch. Der Held der Abruzzen heißt es."

„Siehst du, und das habe ich mindestens zwanzigmal gelesen. Aber dass ich jetzt auch so ein

150 großartiger Räuber wäre, kann ich nicht sagen. Ich habe noch keine jungen Gräfinnen gerettet und keinen verjährten Mord gerächt. Und jetzt sagst du, ich wäre ein Räuber! Nee, Gustav, so großartig ist die Wirklichkeit nicht."

„Du bist ein Räuber und Bandit. Und mein Bruder", gab er mir eins drauf, „und das ist das Schlimmste."

155 „Das ist eine Gemeinheit von dir, zu sagen, daß das das Schlimmste wäre! Und sieh mal, jeder tut heute irgendwas, was er nicht darf. Wer lebt denn bloß von der Lebensmittelkarte! Jeder schwindelt, jeder betrügt, bloß der eine ein bisschen mehr und der andere ein bisschen weniger."

„Hör mal", sagte Gustav, „da gibt es also, wenn man die Welt richtig ansieht, gar keinen

160 Unterschied zwischen gut und schlecht, zwischen richtig und falsch?"

„Siehst du, jetzt kommst du allmählich dahinter. Das sind alles bloß kleine Unterschiede."

Da kommt er ganz nahe an mich ran und guckt mich an, dass mir Angst wird. „Ich will wissen, ob das dein Ernst ist!" Er fasste meine Hände und drückte mir die Knöchel, daß es mir weh tut. „Ich weiß nicht, ob dir noch irgendwas heilig ist und ob du schwören kannst. Aber sag mir beim Andenken unserer verstorbenen Eltern, hörst du, sag mir, daß das dein Ernst ist."
„Natürlich", sage ich, „natürlich ist es mein Ernst!" Er ließ mich los und ging wieder auf und ab, aber mir kam es vor, als sei er viel ruhiger. Vielleicht wird er jetzt vernünftig, dachte ich, aber ich weiß auch nicht, ich hatte einfach Angst, ganz entsetzliche Angst, und mir war es auch klar, dass noch irgendwas Furchtbares kommen würde.
„So", Gustav blieb plötzlich stehen, „jetzt will ich dir noch was von mir erzählen, was du bestimmt noch nicht gewusst hast. Oder doch? Hast du gewußt, daß du bis vor einer halben Stunde der einzige Mensch warst, auf den ich felsenfest vertraut habe? Bis vor einer halben Stunde, und ganz und gar weg ist es erst seit zwei Minuten."
Mir schlug das Herz bis zum Halse, sage ich dir. Jetzt war es da, das Furchtbare.
„Du warst mein großer Bruder, aber du warst noch viel mehr als das. Du hättest es vielleicht nie erfahren, und ich schäme mich auch schrecklich, lauter so große Worte in den Mund zu nehmen, aber alles, was rein und stark war und fest und sicher und treu und anständig und ehrlich, alles, was gut war, das warst du. Du kannst darüber lachen, jetzt ist es mir egal. In all den Jahren, wo du weg warst, waren die schönsten Tage die, wenn du auf Urlaub kamst. Ich habe immer geheult, wenn du wegfuhrst, ich hatte Angst um dich, wenn du draußen warst. So ein alberner Junge war ich, so ein Kind. Und später, als ich auf einmal selber erwachsen war und mich allein zurechtfinden musste, da hab' ich mir immer vorgestellt, wie du alles machen würdest, und dann war es richtig. Was würde Emil dazu sagen, was würde Emil hier tun? So habe ich mich bestimmt alle Tage gefragt. Es ist zum Lachen, aber ich glaube, ich verdanke es dir, dass ich bisher ein ganz ordentlicher Mensch geblieben bin, so für meine Begriffe."
„Ach, Gustav", sage ich, „das sind so die Jahre, der Kommiß, der Krieg, kein Zuhause, – ich bin so verwildert. Es ist alles Mist."
„Ja, ja, das kann schon sein", sagte er, aber ich merkte, dass er gar nicht hinhörte, es interessierte ihn nicht. Er reichte mir meine Brieftasche wieder hin. „Hier. Und jetzt mußt du schon weit sein. Hau ab!"

„Gustav –„

„Hau ab, sag ich dir!"

Er stampfte mit dem Fuß auf. Ich ging.

Der Regen war zu einem feinen Rieselregen geworden, und die nasse Erde klebte mir an den Schuhen. Ich kam schlecht vorwärts. Kurz bevor ich die Straße erreicht hatte, hörte ich ein paar Schüsse. Es muß drei oder vier Uhrmorgens gewesen sein.

Als ich ins Dorf kam, war Stanislaus längst da und saß seit ein paar Stunden im Auto und wartete auf mich, – sagte er wenigstens. Er hatte mein erstes Paket gefunden, weil er später mit dem Gegenzug zurückgefahren war, und an der alten Stelle abgesprungen. Es war Morphium drin. Stanislaus selber hatte gar nichts. Trotzdem schimpfte er, weil ich so lange geblieben war. Er behauptete, er wäre die Straße hin und her gefahren und hätte gehupt. Ich glaube ihm das nicht. Er hatte bestimmt mit Paula im Bett gelegen. Ich gönne sie ihm, sie hat einen vorspringenden Eckzahn, und mir ist sie zu dick. Aber Stanislaus hatte gar keinen Grund, sich aufzuspielen. Er hatte gar nichts geschafft, und ich hatte auch noch den Kopf hingehalten.

Ich erzählte ihm nichts, sagte nur so unbestimmt, ich wäre zu weit gefahren und hätte mich verlaufen. Er glaubte mir, dass ich müde wäre, und ich setzte mich auf den hinteren Sitz.

Stanislaus steuerte. Der Motor war so laut, daß er nicht hörte, wie ich heulte. Als Kind hatte ich mal Prügel bekommen, weil ich den Sonntagskuchen aufgegessen hatte; aber ich glaube, das war nicht so schlimm gewesen.

Jetzt sitze ich da und habe zu nichts Lust, kannst du das verstehen? Stanislaus drängelt mich, aber ich habe keine Lust. Das Morphium war ein gutes Geschäft. Zuviel will ich nicht verdienen, es ist doch mal alles hin.

Aber, Gustav, mein Bruder, mein kleiner Bruder! Ich habe nicht gewußt, daß ich für jemanden so viel wert war! Du, das ist schön, oder es muß schön sein, denn ich habe es ja nicht gewusst.

Aber bestimmt ist es schrecklich, wenn man es verliert. Ich hab's verloren. Aber Gustav hat noch mehr verloren. Nicht mich, ach, du lieber Gott, das meine ich nicht, ich bin ja nichts wert. Aber oft liege ich nachts wach und denke, er hält es nicht aus, es macht ihn kaputt. Und wer ist schuld, wenn er vor die Hunde geht? Ich, ich, ich, ich, ich. Ob ich wirklich mal so ein Mensch gewesen bin, wie er's gedacht hat? Ach, mein kleiner Bruder, mein kleiner Bruder. –

Vokabeln:

1. *der Angsthase*: ein ängstlicher Mensch
2. *die Plombe* hier: Siegel an einem geschlossenen Wagen
3. *ein Gemütsmensch*: ein Mensch mit Herz
4. *wie man´nimmt*: wie man die Sache ansieht
5. *dusselig*: dumm
6. *der Kommiß*: das Militär

Arbeitsaufgaben:

1. Was erwarten Sie aufgrund der Überschrift?
2. Wie passt die Überschrift zum Text?
3. Suchen Sie die Stellen heraus, wo das das Wort „Nebel" verwendet wird. Hat das Wort eine symbolische Bedeutung?
4. In Zeile 4 ist vom „Schnaps" die Rede; erklären Sie diesen Ausdruck.
5. Deuten Sie die Personalpronomen „du" in Zeile 5 und „wir" in Zeile 7.
6. Was ist umgangssprachlich an der Sprache?
7. Wie konnten die Waren aus den Güterzügen gestohlen werden?
8. Wie kam es, dass der Ich-Erzähler Schwarzhändler geworden war?
9. Was hatte der Ich-Erzähler früher für seinen kleinen Bruder getan?
10. War es richtig, dass Gustav seinen Bruder nicht verhaftete?
11. Inwiefern können die beiden Hauptgestalten stellvertretend für eine ganze Nation junger Menschen der Kriegs- und Nachkriegszeit stehen?
12. Wie schildert der Ich-Erzähler seinen Gemütszustand nach der Begegnung mit seinem Bruder?
13. Wie stehen der erste und der letzte Textabschnitt zueinander?
14. Welche Formulierungen sind bezeichnend für den Ich-Erzähler? Suchen Sie drei und erklären Sie sie!

15. Erzählen Sie die Geschichte in etwa 5 Sätzen nach.

Zusatztext 1

Das Eisenbahnunglück

Thomas Mann

Etwas erzählen? Aber ich weiß nichts. Gut, also ich werde etwas erzählen. Einmal, es ist schon zwei Jahre her, habe ich ein Eisenbahnunglück mitgemacht; – alle Einzelheiten stehen mir klar vor Augen.

Es war keines vom ersten Range, keine allgemeine Harmonika mit „unkenntlichen Massen" und so weiter, das nicht. Aber es war doch ein ganz richtiges Eisenbahnunglück mit Zubehör und obendrein zu nächtlicher Stunde. Nicht jeder hat das erlebt, und darum will ich es zum besten geben.

Ich fuhr damals nach Dresden, eingeladen von Förderern der Literatur. Eine Kunst- und Virtuosenfahrt also, wie ich sie von Zeit zu Zeit nicht ungern unternehme. Man repräsentiert, man tritt auf, man zeigt sich der jauchzenden Menge; man ist nicht umsonst ein Untertan Wilhelms II.. Auch ist Dresden ja schön (besonders der Zwinger), und nachher wollte ich auf zehn, vierzehn Tage zum „Weißen Hirsch" hinauf, um mich ein wenig zu pflegen und, wenn vermöge der „Applikationen" der Geist über mich käme, auch wohl zu arbeiten. Zu diesem Behufe hatte ich mein Manuskript zuunterst in meinen Koffer gelegt, zusammen mit dem Notizenmaterial ein stattliches Konvolut, in braunes Packpapier geschlagen und mit starkem Spagat umwunden.

Ich reise gern mit Komfort, besonders wenn man es mir bezahlt. Ich benützte also den Schlafwagen, hatte mir tags zuvor ein Abteil erster Klasse gesichert und war geborgen. Trotzdem hatte ich Fieber, wie immer bei solchen Gelegenheiten, denn eine Abreise bleibt ein Abenteuer, und nie werde ich in Verkehrsdingen die rechte Abgebrühtheit gewinnen.

Ich weiß ganz gut, daß der Nachtzug nach Dresden gewohnheitsmäßig jeden Abend vom Münchner Hauptbahnhof abfährt und jeden Morgen in Dresden ist. Aber wenn ich selber mitfahre und mein bedeutsames Schicksal mit dem seinen verbinde, so ist das eben doch eine große Sache. Ich kann mich dann der Vorstellung nicht entschlagen, als führe er einzig heute und meinetwegen, und dieser unvernünftige Irrtum hat natürlich eine stille, tiefe Erregung zur Folge, die mich nicht eher verläßt, als bis ich alle Umständlichkeiten der Abreise, das Kofferpacken, die Fahrt der belasteten Droschke zum Bahnhof, die Ankunft dortselbst, die Aufgabe des Gepäcks hinter mir habe und mich endgültig untergebracht und in Sicherheit weiß. Dann freilich tritt eine wohlige Abspannung ein, der Geist wendet sich neuen Dingen zu, die große Fremde eröffnet sich dort hinter den Bogen des Glasgewölbes, und freudige Erwartung beschäftigt das Gemüt.

So war es auch diesmal. Ich hatte den Träger meines Handgepäcks reich belohnt, so daß er die Mütze gezogen und mir angenehme Reise gewünscht hatte, und stand mit meiner Abendzigarre an einem Gangfenster des Schlafwagens, um das Treiben auf dem Perron zu betrachten. Da war Zischen und Rollen, Hasten, Abschiednehmen und das singende Ausrufen der Zeitungs- und Erfrischungsverkäufer, und über allem glühten die großen elektrischen Monde im Nebel des Oktoberabends. Zwei rüstige Männer zogen einen Handkarren mit großem Gepäck den Zug entlang nach vorn zum Gepäckwagen. Ich erkannte wohl an gewissen vertrauten Merkmalen meinen eigenen Koffer. Da lag er, ein Stück unter vielen, und auf seinem Grunde ruhte das kostbare Konvolut. Nun, dachte ich, keine Besorgnis, es ist in guten Händen! Sieh diesen Schaffner an mit dem Lederbandelier, dem gewaltigen Wachtmeisterschnauzbart und dem unwirsch wachsamen Blick. Sieh, wie er die alte Frau in der fadenscheinigen schwarzen Mantille anherrscht, weil sie um ein Haar in die zweite Klasse gestiegen wäre. Das ist der Staat, unser Vater, die Autorität und die Sicherheit. Man verkehrt nicht gern mit ihm, er ist streng, er ist wohl gar rau, aber Verlaß, Verlaß ist auf ihn, und dein Koffer ist aufgehoben wie in Abrahams Schoß.

Ein Herr lustwandelt auf dem Perron, in Gamaschen und gelbem Herbstpaletot, einen Hund an der Leine führend. Nie sah ich ein hübscheres Hündchen. Es ist eine gedrungene Dogge, blank, muskulös, schwarz gefleckt und so gepflegt und drollig wie die Hündchen, die man zuweilen im Zirkus sieht und die das Publikum belustigen, indem sie aus allen Kräften ihres kleinen Leibes um die Manege rennen. Der Hund trägt ein silbernes Halsband, und die Schnur, an der er geführt wird, ist aus farbig geflochtenem Leder. Aber das alles kann nicht wundernehmen angesichts seines Herrn, des Herrn in Gamaschen, der sicher von edelster Abkunft ist. Er trägt ein Glas im Auge, was seine Miene verschärft, ohne sie zu verzerren, und sein Schnurrbart ist trotzig aufgesetzt, wodurch seine Mundwinkel wie sein Kinn einen verachtungsvollen und willensstarken Ausdruck gewinnen. Er richtet eine Frage an den martialischen Schaffner, und der schlichte Mann, der deutlich fühlt, mit wem er es zu tun hat, antwortet ihm, die Hand an der Mütze. Da wandelt der Herr weiter, zufrieden mit der Wirkung seiner Person. Er wandelt sicher in seinen Gamaschen, sein Antlitz ist kalt, scharf faßt er Menschen und Dinge ins Auge. Er ist weit entfernt vom Reisefieber, das sieht man klar; für ihn ist etwas so Gewöhnliches wie eine Abreise kein Abenteuer. Er ist zu Hause im Leben und ohne Scheu vor seinen Einrichtungen und Gewalten, er selbst gehört zu diesen Gewalten, mit einem Worte: ein Herr. Ich kann mich nicht satt an ihm sehen.

Als es ihn an der Zeit dünkt, steigt er ein (der Schaffner wandte gerade den Rücken). Er geht im Korridor hinter mir vorbei, und obgleich er mich anstößt, sagt er nicht „Pardon"! Was für ein Herr! Aber das ist nichts gegen das Weitere, was nun folgt: Der Herr nimmt, ohne mit der Wimper zu zucken, seinen Hund mit sich in sein Schlafkabinett hinein! Das ist zweifellos verboten. Wie würde ich mich vermessen, einen Hund mit in den Schlafwagen zu nehmen. Er aber tut es kraft seines Herrenrechtes im Leben und zieht die Tür hinter sich zu.

Es pfiff, die Lokomotive antwortete, der Zug setzte sich sanft in Bewegung. Ich blieb noch ein wenig am Fenster stehen, sah die zurückbleibenden, winkenden Menschen, sah die eiserne Brücke, sah Lichter schweben und wandern ... Dann zog ich mich ins Innere des Wagens zurück.

Der Schlafwagen war nicht übermäßig besetzt; ein Abteil neben dem meinen war leer, war nicht zum Schlafen eingerichtet, und ich beschloß, es mir auf eine friedliche Lesestunde darin bequem zu machen. Ich holte also mein Buch und richtete mich ein. Das Sofa ist mit seidigem lachsfarbigem Stoff überzogen, auf dem Klapptischchen steht der Aschenbecher, das Gas brennt hell. Und rauchend las ich.

Der Schlafwagenkondukteur kommt dienstlich herein, er ersucht mich um mein Fahrscheinheft für die Nacht, und ich übergebe es seinen schwärzlichen Händen. Er redet höflich, aber rein amtlich, er spart sich den „Gute-Nacht!" – Gruß von Mensch zu Mensch und geht, um an das anstoßende Kabinett zu klopfen. Aber das hätte er lassen sollen, denn dort wohnte der Herr mit den Gamaschen, und sei es nun, daß der Herr seinen Hund nicht sehen lassen wollte oder daß er bereits zu Bett gegangen war, kurz, er wurde furchtbar zornig, weil man es unternahm, ihn zu stören, ja trotz dem Rollen des Zuges vernahm ich durch die dünne Wand den unmittelbaren und elementaren Ausbruch seines Grimmes. „Was ist denn?" schrie er. „Lassen Sie mich in Ruhe-Affenschwanz!!" Er gebrauchte den Ausdruck „Affenschwanz", – ein Herrenausdruck, ein Reiter- und Kavaliersausdruck, herzstärkend anzuhören. Aber der Schlafwagenkondukteur legte sich aufs Unterhandeln, denn er mußte den Fahrschein des Herrn wohl wirklich haben, und da ich auf den Gang rat, um alles genau zu verfolgen, so sah ich mit an, wie schließlich die Tür des Herrn mit kurzem Ruck ein wenig geöffnet wurde und das Fahrscheinheft dem Kondukteur ins Gesicht flog, hart und heftig ins Gesicht. Er fing es mit beiden Armen auf, und obgleich er die eine Ecke ins Auge bekommen hatte, so daß es tränte, zog er die Beine zusammen und dankte, die Hand an der Mütze. Erschüttert kehrte ich zu meinem Buch zurück. Ich erwäge, was etwa dagegen sprechen könnte, noch eine Zigarre zu rauchen, und finde, daß es so gut wie nichts ist. Ich rauche also noch eine im Rollen und Lesen und fühle mich wohl und gedankenreich. Die Zeit vergeht, es wird zehn Uhr, halb elf oder mehr, die Insassen des Schlafwagens sind alle zur Ruhe gegangen, und schließlich komme ich mit mir überein, ein Gleiches zu tun.

Ich erhebe mich also und gehe in mein Schlafkabinett. Ein richtiges, luxuriöses Zimmerchen mit gepreßter Ledertapete, mit Kleiderhaken und vernickeltem Waschbecken. Das untere Bett ist schneeig bereitet, die Decke einladend zurückgeschlagen. O große Neuzeit! denke ich. Man legt sich in dieses Bett wie zu Hause, es bebt ein wenig die Nacht hindurch, und das hat zur Folge, daß man am Morgen in Dresden ist. Ich nahm meine Handtasche aus dem Netz, um etwas Toilette zu machen. Mit ausgestreckten Armen hielt ich sie über meinem Kopfe. In diesem Augenblick geschieht das Eisenbahnunglück. Ich weiß es wie heute.

Es gab einen Stoß – aber mit „Stoß" ist wenig gesagt. Es war ein Stoß, der sich sofort als

unbedingt bösartig kennzeichnete, ein in sich abscheulich krachender Stoß und von solcher Gewalt, daß mir die Handtasche, ich weiß nicht wohin, aus den Händen flog und ich selbst
110 mit der Schulter schmerzhaft gegen die Wand geschleudert wurde. Dabei war keine Zeit zur Besinnung. Aber was folgte, war ein entsetzliches Schlenkern des Wagens, und während seiner Dauer hatte man Muße, sich zu ängstigen. Ein Eisenbahnwagen schlenkert wohl bei Weichen, bei scharfen Kurven, das kennt man. Aber dies war ein Schlenkern, daß man nicht stehen konnte, daß man von einer Wand zur anderen geworfen wurde und dem Kentern des
115 Wagens entgegensah. Ich dachte etwas sehr Einfaches, aber ich dachte es konzentriert und ausschließlich. Ich dachte: das geht nicht gut, das geht nicht gut, das geht keinesfalls gut. Wörtlich so. Außerdem dachte ich: Halt! Halt! Halt! Denn ich wußte, daß, wenn der Zug erst stünde, sehr viel gewonnen sein würde. Und siehe, auf dieses mein stilles und inbrünstiges Kommando stand der Zug.

120 Bisher hatte Totenstille im Schlafwagen geherrscht. Nun kam der Schrecken zum Ausbruch. Schrille Damenschreie mischen sich mit den dumpfen Bestürzungsrufen von Männern. Neben mir höre ich „Hilfe" rufen, und kein Zweifel, es ist die Stimme, die sich vorhin des Ausdrucks „Affenschwanz" bediente, die Stimme des Herrn in Gamaschen, seine von Angst entstellte Stimme. „Hilfe" ruft er, und in dem Augenblick, wo ich den Gang betrete, auf dem
125 die Fahrgäste zusammenlaufen, bricht er in seidenem Schlafanzug aus seinem Abteil hervor und steht da mit irren Blicken. „Großer Gott!" sagt er, „Allmächtiger Gott!" Und um sich gänzlich zu demütigen und so vielleicht seine Vernichtung abzuwenden, sagt er auch noch in bittendem Tone: „Lieber Gott ..." Aber plötzlich besinnt er sich eines anderen und greift zur Selbsthilfe, Er wirft sich auf das Wandschränkchen, in welchem für alle Fälle ein Beil und
130 eine Säge hängen, schlägt mit der Faust die Glasscheibe entzwei, läßt aber, da er nicht gleich dazu gelangen kann, das Werkzeug in Ruh, bahnt sich mit wilden Püffen einen Weg durch die versammelten Fahrgäste, so daß die halbnackten Damen aufs neue kreischen, und springt ins Freie.

Das war das Werk eines Augenblicks. Ich spürte erst jetzt meinen Schrecken: eine gewisse
135 Schwäche im Rücken, eine vorübergehende Unfähigkeit, hinunterzuschlucken. Alles umdrängte den schwarzhändigen Schlafwagenbeamten, der mit roten Augen ebenfalls

herbeigekommen war; die Damen, mit bloßen Armen und Schultern, rangen die Hände.

Das sei eine Entgleisung, erklärte der Mann, wir seien entgleist. Was nicht zutraf, wie sich später erwies. Aber siehe, der Mann war gesprächig unter diesen Umständen, er ließ seine amtliche Sachlichkeit dahinfahren, die großen Ereignisse lösten seine Zunge, und er sprach intim von seiner Frau. „Ich hab' noch zu meiner Frau gesagt: Frau, sag ich, mir ist ganz, als ob heut was passieren müßt'!" Na, und ob nun vielleicht nichts passiert sei. Ja, darin gaben ihm alle recht. Rauch entwickelte sich im Wagen, dichter Qualm, man wußte nicht, woher, und nun zogen wir alle vor, uns in die Nacht hinauszubegeben.

Das war nur mittels eines ziemlich hohen Sprunges vom Trittbrett auf den Bahnkörper möglich, denn es war kein Perron vorhanden, und zudem stand unser Schlafwagen bemerkbar schief, auf die andere Seite geneigt. Aber die Damen, die eilig ihre Blößen bedeckt hatten, sprangen verzweifelt, und bald standen wir alle zwischen den Schienensträngen.

Es war fast finster, aber man sah doch, daß bei uns hinten den Wagen eigentlich nichts fehlte, obgleich sie schief standen. Aber vorn – fünfzehn oder zwanzig Schritte weiter vorn! Nicht umsonst hatte der Stoß in sich so abscheulich gekracht. Dort war eine Trümmerwüste, – man sah ihre Ränder, wenn man sich näherte, und die kleinen Laternen der Schaffner irrten darüber hin.

Nachrichten kamen von dort, aufgeregte Leute, die Meldungen über die Lage brachten. Wir befanden uns dicht bei einer kleinen Station, nicht weit hinter Regensburg, und durch Schuld einer defekten Weiche war unser Schnellzug auf ein falsches Gleis geraten und in voller Fahrt einem Güterzug, der dort hielt, in den Rücken gefahren, hatte ihn aus der Station hinausgeworfen, seinen hinteren Teil zermalmt und selbst schwer gelitten. Die große Schnellzugmaschine von Maffei in München war hin und entzwei. Preis siebzigtausend Mark. Und in den vorderen Wagen, die beinahe auf der Seite lagen waren zum Teil die Bänke ineinander geschoben. Nein, Menschenverluste waren gottlob nicht zu beklagen. Man sprach von einer alten Frau, die „herausgezogen" worden sei, aber niemand hatte sie gesehen. Jedenfalls waren die Leute durcheinandergeworfen worden, Kinder hatten unter Gepäck vergraben gelegen, und das Entsetzen war groß. Der Gepäckwagen war zertrümmert. Wie war das mit dem Gepäckwagen? Er war zertrümmert.

Da stand ich ...

Ein Beamter läuft ohne Mütze den Zug entlang, es ist der Stationschef, und wild und weinerlich erteilt er Befehle an die Passagiere, um sie in Zucht zu halten und von den Geleisen in die Wagen zu schicken.

Aber niemand achtet auf ihn, da er ohne Mütze und Haltung ist. Beklagenswerter Mann! Ihn traf wohl die Verantwortung. Vielleicht war seine Laufbahn zu Ende, sein Leben zerstört. Es wäre nicht taktvoll gewesen, ihn nach dem großen Gepäck zu fragen.

Ein anderer Beamter kommt daher, – er hinkt daher, und ich erkenne ihn an seinem Wachtmeisterschnauzbart. Es ist der Schaffner, der unwirsch wachsame Schaffner von heute abend, der Staat, unser Vater. Er hinkt gebückt, die eine Hand auf sein Knie gestützt, und kümmert sich um nichts als um dieses sein Knie. „Ach, ach!" sagte er. „Ach!" – „Nun, nun, was ist denn?" – „Ach, mein Herr, ich steckte ja dazwischen, es ging mir ja gegen die Brust, ich bin ja über das Dach entkommen, ach, ach!"– Dieses „über das Dach entkommen" schmeckte nach Zeitungsbericht, der Mann brauchte bestimmt in der Regel nicht das Wort „entkommen", er hatte nicht sowohl sein Unglück, als vielmehr einen Zeitungsbericht über sein Unglück erlebt, aber was half mir das? Er war nicht in dem Zustande, mir Auskunft über mein Manuskript zu geben. Und ich fragte einen jungen Menschen, der frisch, wichtig und angeregt von der Trümmerwüste kam, nach dem großen Gepäck.

„Ja, mein Herr, das weiß niemand nicht, wie es da ausschaut!" Und sein Ton bedeutete mir, daß ich froh sein sollte, mit heilen Gliedern davongekommen zu sein. „Da liegt alles durcheinander. Damenschuhe ..." sagte er mit einer wilden Vernichtungsgebärde und zog die Nase kraus. „Die Räumungsarbeiten müssen es zeigen. Damenschuhe ..."

Da stand ich. Ganz für mich allein stand ich in der Nacht zwischen den Schienensträngen und prüfte mein Herz. Räumungsarbeiten. Es sollten Räumungsarbeiten mit meinem Manuskript vorgenommen werden. Zerstört also, zerfetzt, zerquetscht wahrscheinlich. Mein Bienenstock, mein Kunstgespinst, mein kluger Fuchsbau, mein Stolz und meine Mühsal, das Beste von mir. Was würde ich tun, wenn es sich so verhielt? Ich hatte keine Abschrift von dem, was schon dastand, schon fertig gefügt und geschmiedet war, schon lebte und klang, – zu schweigen von meinen Notizen und Studien, meinem ganzen in Jahren zusammengetragenen, erworbenen, erhorchten, erschlichenen, erlittenen Hamsterschatz von Material. Was würde ich also tun? Ich prüfte mich genau, und ich erkannte, daß ich von vorn beginnen würde. Ja, mit tierischer Geduld, mit der Zähigkeit eines tiefstehenden Lebewesens, dem man das wunderliche und komplizierte Werk seines kleinen Scharfsinns und Fleißes zerstört hat, würde ich nach einem Augenblick der Verwirrung und Ratlosigkeit das Ganze wieder von vorn beginnen, und vielleicht würde es diesmal ein wenig leichter gehen ...

Aber unterdessen war Feuerwehr eingetroffen, mit Fackeln, die rotes Licht über die Trümmerwüste warfen, und als ich nach vorn ging, um nach dem Gepäckwagen zu sehen, da zeigte es sich, daß er fast heil war, und daß den Koffern nichts fehlte. Die Dinge und Waren, die dort zerstreut lagen, stammten aus dem Güterzuge, eine unzählige Menge Spagatknäuel zumal, ein Meer von Spagatknäueln, das weithin den Boden bedeckte.

Da ward mir leicht, und ich mischte mich unter die Leute, die standen und schwatzten und sich anfreundeten gelegentlich ihres Mißgeschickes und aufschnitten und sich wichtig machten. So viel schien sicher, daß der Zugführer sich brav benommen und großem Unglück vorgebeugt hatte, indem er im letzten Augenblick die Notbremse gezogen. Sonst, sagte man, hätte es unweigerlich eine allgemeine Harmonika gegeben, und der Zug wäre wohl auch die ziemlich hohe Böschung zur Linken hinabgestürzt. Preiswürdiger Zugführer! Er war nicht sichtbar, niemand hatte ihn gesehen. Aber sein Ruhm verbreitete sich den ganzen Zug entlang, und wir alle lobten ihn in seiner Abwesenheit. „Der Mann", sagte ein Herr und wies mit der ausgestreckten Hand irgendwohin in die Nacht, „der Mann hat uns alle gerettet." Und jeder nickte dazu.

Aber unser Zug stand auf einem Geleise, das ihm nicht zukam, und darum galt es, ihn nach hinten zu sichern, damit ihm kein anderer in den Rücken fahre. So stellten sich Feuerwehrleute mit Pechfackeln am letzten Wagen auf, und auch der angeregte junge Mann, der mich so sehr mit seinen Damenstiefeln geängstigt, hatte eine Fackel ergriffen und schwenkte sie signalisierend, obgleich in aller Welt kein Zug zu sehen war.

Und mehr und mehr kam etwas wie Ordnung in die Sache, und der Staat, unser Vater, gewann wieder Haltung und Ansehen. Man hatte telegraphiert und alle Schritte getan, ein Hilfszug aus Regensburg dampfte behutsam in die Station, und große Gasleuchtapparate mit

Reflektoren wurden an der Trümmerstätte aufgestellt. Wir Passagiere wurden nun ausquartiert
225 und angewiesen, im Stationshäuschen unserer Weiterbeförderung zu harren. Beladen mit
unserem Handgepäck und zum Teil mit verbundenen Köpfen zogen wir durch ein Spalier
von neugierigen Eingeborenen in das Warteräumchen ein, wo wir uns, wie es gehen wollte,
zusammenpferchten. Und abermals nach einer Stunde war alles aufs Geratewohl in einem
Extrazuge verstaut.

230 Ich hatte einen Fahrschein erster Klasse (weil man mir die Reise bezahlte), aber das half
mir gar nichts, denn jedermann gab der ersten Klasse den Vorzug, und diese Abteile waren
noch voller als die anderen. Jedoch, wie ich eben mein Plätzchen gefunden, wen gewahre
ich mir schräg gegenüber, in eine Ecke gedrängt? Den Herrn mit den Gamaschen und den
Reiterausdrücken, meinen Helden. Er hat sein Hündchen nicht bei sich, man hat es ihm
235 genommen, es sitzt, allen Herrenrechten zuwider, in einem finsteren Verliese gleich hinter der
Lokomotive und heult. Der Herr hat auch einen gelben Fahrschein, der ihm nichts nützt, und er
murrt, er macht einen Versuch, sich aufzulehnen gegen den Kommunismus, gegen den großen
Ausgleich vor der Majestät des Unglücks. Aber ein Mann antwortet ihm mit biederer Stimme:
„San S froh, daß Sie sitzen!" Und sauer lächelnd ergibt sich der Herr in die tolle Lage.

240 Wer kommt herein, gestützt auf zwei Feuerwehrmänner? Eine kleine Alte, ein Mütterchen
mit zerschlissener Mantille, dasselbe, das um ein Haar in die zweite Klasse gestiegen wäre.
„Ist dies die erste Klasse?" fragt sie immer wieder. „Ist dies auch wirklich die erste Klasse?"
Und als man es ihr versichert und ihr Platz macht, sinkt sie mit einem „Gottlob" auf das
Plüschkissen nieder, als ob sie jetzt erst gerettet sei.

245 In Hof war es fünf Uhr und hell. Dort gab es Frühstück, und dort nahm ein Schnellzug mich
auf, der mich und das Meine mit dreistündiger Verspätung nach Dresden brachte.
Ja, das war das Eisenbahnunglück, das ich erlebte. Einmal mußte es ja wohl sein. Und obgleich
die Logiker Einwände machen, glaube ich nun doch, gute Chancen zu haben, daß mir sobald
nicht wieder dergleichen begegnet.

Vokabeln:

1. *die Harmonika*: das Ineinanderschieben der Wagen bei einem schweren Zugunglück
2. *Der Weiße Hirsch*: ein berühmtes Kurhotel bei Dresden
3. *vermöge der Applikation*: durch die Wirkung der Pflege
4. *die Abgebrühtheit*: durch Erfahrung gewonnene Gefühllosigkeit
5. *ohne mit der Wimper zu zucken*: ohne Zeichen der Zögerung, der Angst
6. *Maffei*: Name einer Fabrik in München

Arbeitsaufgaben:

1. Wie charakterisieren sich der feine Herr, der Schlafwagenschaffner und der Zugschaffner selbst?
2. Wie stellen Sie sich nach der Darstellung des Textes den Ich-Erzähler vor?
3. Ersetzen Sie folgende schräg gedruckten Wörter durch andere Begriffe, ohne den Sinn zu ändern:
   a) *Konvolut*
   b) *Komfort*
   c) *Muße*
   d) *ich dachte es konzentriert und ausschließlich*
   e) *der Zugführer hatte sich brav benommen*
   f) *die Logiker machen Einwände*
4. Setzen Sie in die indirekte Rede:
   „Ach, mein Herr, ich steckte ja dazwischen, es ging mir ja gegen die Brust, ich bin ja über das Dach entkommen, ach, ach!", sagte der Schaffner.
5. Was wird mit dem Satz „Einmal mußte es ja wohl sein" (Zeile 247) gemeint?

Zusatztext 2

Ein Brief[①]

Ingo Schulze

Ich will es Ihnen erklären: Vor einem Jahr erfüllte ich mir einen langgehegten Wunsch und fuhr mit der Bahn nach Petersburg. Ich teilte das Abteil mit einer frisch frisierten Russin, ihrem Mann und einem Deutschen namens Hofmann. Die Russen sahen in uns ein Paar, und Hofmann, als der Übersetzer ihrer Fragen und meiner Antworten, ließ sie wohl in diesem
5   Glauben. Ich weiß nicht, was er ihnen noch alles erzählt hat. Sie lachten unentwegt, und die Frau tätschelte meine Wange.

Auch in der Nacht blieb es schwül, die Hemden der Schaffner waren fleckig vor Schweiß, die Fenster beschlagen, schmutzig und im Abteil nicht zu öffnen – angeblich gab es eine Klimaanlage –, und wenn es nicht nach Desinfektionsmitteln stank, dann nach Klo und
10 Zigaretten. Stahlbleche, wie Zugbrücken zwischen den Waggons herabgelassen, schlugen tarrara-tarrara-bsching, tarra-ra-tarrara-bsching aufeinander, wechselten beim Abbremsen zu tarrara-bsching-bschong, tarrara-bsching-bschong, bis die Puffer aufeinander prallten – unberechenbare, unablässige Stöße, so daß ich nicht schlafen konnte und auch am folgenden Tag, als die Hitze nachließ, wach lag. Wenn Hofmann nicht mit den Russen sprach, blickte er,
15 den Kopf ins Kissen gedrückt, zum Fenster hinaus, wo sich zwischen sumpfigem Brachland und wüsten Wäldern hin und wieder Häuschen zeigten, blau und grün und schief in die Erde gedrückt, und aufgestapelte Scheite hell hinter abgebrannten Wiesen und getünchten Zäunen leuchteten. Von den gelben Fähnchen der Schrankenwärter war oft nur der Holzstab zum Salutieren übriggeblieben.

---

① Der Text stammt aus *33 Augenblicke des Glücks. Aus den abenteuerlichen Aufzeichnungen der Deutschen in Piter*; die Überschrift hat der Autor dieses Lehrbuchs gegeben.

Am zweiten Abend, bereits in Litauen, lud mich Hofmann plötzlich in den Speisewagen ein. Wie er mir gegenübersaß, dunkelblond, fast grauäugig, mit einer Narbe unterm Kinn, wirkte er selbstsicher. Er bestellte ohne Speisekarte und putzte sein Besteck an den roten Gardinen. Auf die Frage jedoch, wie ein deutscher Geschäftsmann, für den er sich ausgab, dazu komme, mit der Bahn zu reisen, verlor er einen Moment lang alle Leichtigkeit. Er lächelte angestrengt und fixierte mich. Statt zu antworten, begann er weitschweifig von seiner Arbeit für eine Zeitung zu sprechen. Vor allem aber sei er, neben seiner Leidenschaft für den Karaokegesang, ein Literaturliebhaber.

Je weiter wir uns von meiner Frage entfernten, um so unbekümmerter erzählte er, um so phantastischer und unglaubwürdiger erschienen mir seine Geschichten. Er überschüttete mich mit weitausholenden und erläuternden Ratschlägen, was ich unbedingt noch zu lesen hätte, wobei er mich tief seufzend zu meinem Nichtwissen beglückwünschte. „Was du noch alles vor dir hast!" sagte er immer wieder. Wir aßen und tranken viel, es war spottbillig, und alles kam, wie es kommen mußte – tarrara-tarrara-bsching ...

Ich erwachte mit höllischen Kopfschmerzen. Die Sonne schien grell, der Zug stand, eine Station namens Pskow. Hofmanns Bett war abgezogen die Matratze zusammengerollt. Niemand wollte oder konnte sagen wo er geblieben war. Wie gewonnen, so zerronnen. Mir war elend. Und so blieb es, selbst als ich diese Mappe die nun vor Ihnen liegt, hinter meiner Handtasche entdeckte. Ich wußte weder, wie sie dahin gelangt war, noch was ich damit anfangen sollte. Erst wollte ich sie dem Schaffner geben, denn wer weiß, worauf man sich in seiner Unkenntnis einläßt. Dann aber begann ich zu lesen.

Bei allem, was wir einander erzählten, sprach Hofmann auch von täglichen Aufzeichnungen, die er von Petersburg nach Deutschland geschickt habe. Beim Schreiben – er sagte nicht, an wen – habe er sich mehr und mehr der Neigung hingegeben, die Erfindung anstelle der Recherche zu setzen. Denn für ihn, so Hofmann, sei etwas Ausgedachtes nicht weniger wirklich als ein Unfall auf der Straße. Ebenso muß er Geschäftsfreunde und Bekannte ermuntert haben, ihm Episoden zu schildern, was dem Westler in Rußland keine Schwierigkeiten bereitet. Vielleicht erlag Hofmann auch mir gegenüber seiner Schwäche und fabulierte lieber, statt der Wahrheit die Ehre zu geben. Ich weiß es nicht und kann Ihnen kaum mehr sagen, als daß ich seit einem Jahr vergeblich versuche, ihn zu vergessen. „Und?" werden Sie fragen. „Was geht mich das an?" Als Sie so offenherzig über Ihre Pläne sprachen, kam mir der Gedanke, daß jemand wie Sie dafür sorgen sollte, die Mappe zu publizieren. Überarbeitet ergibt sie bestimmt eine recht kurzweilige Unterhaltung. Und wenn Hofmann noch lebt, wird er sich melden. Eine andere Möglichkeit, ihn wiederzufinden, sehe ich für mich nicht.

Ich bitte Sie herzlich! Leihen Sie diesen Phantasien Ihren Namen! Denn kein Verlag nimmt ein Buch ohne Autor. Die Leute brauchen Fotos, Interviews, sie sind hungrig nach Gesichtern und wirklichen Geschichten. Was bei Ihnen ein erwünschter Effekt sein könnte, wäre mir lästig. Zum einen fühle ich mich der Sache nicht gewachsen, zum anderen gefährde ich ungern meine berufliche Stellung. Sie dagegen haben literarischen Ehrgeiz, sind befähigt zum Umgang mit Texten und verfügen über Freunde, die Ihnen hilfreich zur Seite stehen werden. Vielleicht verdienen Sie auch etwas Geld dabei.

Freiburg i. Br, am 25.6.94

Ich habe diesen Brief, leicht gekürzt, vorangestellt, weil er mich aller Erklärungen enthebt. Trotzdem möchte ich anmerken, daß materielle Erwägungen bei der Übernahme der Herausgeberschaft im Hintergrund standen. Wäre ich nicht zu der Überzeugung gelangt, daß die hier versammelten Aufzeichnungen über einen bloßen Unterhaltungswert hinausgingen und die Möglichkeit in sich trügen, die anhaltende Diskussion um den Stellenwert des Glücks zu beleben, hätte ich von dieser Aufgabe Abstand genommen.

I.S.

Berlin, am 10.6.95

Vokabeln:

1. *tätscheln*: jmdn., etw. leicht liebkosend klopfen, streicheln
2. *das Scheit*: durch Spalten eines dicken Stammes, Holzklotzes gewonnenes größeres Holzstück, das zum Heizen verwendet wird
3. *der Schrankenwärter*: Wärter bei einer Bahnschranke

Arbeitsaufgaben:

1. Was will die Wendung besagen: „Wie gewonnen, so zerronnen" (Zeile 36)?
2. Ist der Satz „Vielleicht erlag Hofmann auch mir gegenüber seiner Schwäche und fabulierte lieber, statt der Wahrheit die Ehre zu geben" (Zeile 47/48) ironisch gemeint?
3. Was will der Autor Ingo Schulze mit diesem Text erreichen?

Lektion 3

Hauptext

Camera Obscura

Judith Hermann

Der Künstler ist sehr klein. Marie weiß manchmal nicht, ob noch alles mit ihr in Ordnung ist, der Künstler ist viel zu klein; sie denkt: Du hast sie nicht mehr alle, meint sich selbst, vielleicht weil es Herbst wird, weil die altbekannte Unruhe beginnt, das Frösteln im Rücken, der Regen? Der Künstler ist wirklich sehr klein. Bestimmt drei Köpfe kleiner als Marie. Er ist berühmt,
5   in Berlin zumindest kennt ihn jeder, er macht Kunst mit dem Computer, er hat zwei Bücher geschrieben, nachts redet er manchmal im Radio. Der Künstler ist zudem noch häßlich. Er hat einen ganz kleinen, proletarischen Kopf, er ist sehr dunkel, manche Leute sagen, er hätte spanisches Blut. Sein Mund ist unglaublich schmal. Nicht vorhanden. Seine Augen aber sind schön, ganz schwarz und groß, meist hält er sich beim Reden so die Hand vors Gesicht, daß
10   man nur diese Augen sehen kann. Der Künstler ist katastrophal angezogen. Er trägt zerrissene Jeans – in Kindergröße, denkt Marie –, immer eine grüne Jacke, immer Turnschuhe. Ums linke Handgelenk hat er ein schwarzes Lederband geknüpft. Manche Leute sagen, der Künstler sei trotz allem unglaublich intelligent.

Marie will was von dem Künstler. Was sie von ihm will, weiß sie nicht. Vielleicht den Glanz
15   seiner Berühmtheit. Vielleicht noch schöner sein neben einem häßlichen Menschen. Vielleicht eindringen, zerstörerisch, in eine scheinbare Ungerührtheit. Marie fragt sich ernsthaft, ob mit

ihr noch alles in Ordnung ist. Sehen sie nicht doch eher lächerlich aus zusammen? Marie hat immer nur mit schönen Menschen zusammen sein wollen. Es ist gruselig, zu einem Mann hinunterschauen zu müssen. Es ist gruselig, sich vorzustellen, wie das sein soll, wenn ... Trotzdem will Marie.

Am allerersten Abend küssen sie sich. Oder besser, küßt Marie den Künstler. Er steht plötzlich vor ihr, auf diesem Fest, zwischen all den Berliner Berühmtheiten, und Marie weiß nicht zu entscheiden, welcher Berühmtheit sie an diesem Abend ihren langen, langen Blick zuerst schenken soll. Der Künstler bietet sich an. Er steht plötzlich vor ihr, mit diesen schönen, schwarzen Augen, und Marie, die ihn im Fernsehen gesehen hat, erkennt ihn sofort. Er gießt ihr unentwegt Wodka ins Glas und stellt schwierige Fragen. Was ist glücklich sein für dich. Hast du schon einmal jemanden verraten. Ist es dir unangenehm, wenn du etwas nur wegen deines Äußeren erreichst.

Marie trinkt Wodka, ist zögerlich, sagt – Glück ist immer der Moment davor. Die Sekunde vor dem Moment, in dem ich eigentlich glücklich sein sollte, in dieser Sekunde bin ich glücklich und weiß es nicht. Ich habe schon viele Menschen verraten, glaube ich. Und ich finde es schön, Dinge wegen meines Äußeren zu erreichen.

Der Künstler starrt sie an. Marie starrt zurück, das kann sie gut. Um sie herum werden die Leute unruhig, der Künstler ist tatsächlich zu klein und zu häßlich. Eher aus Trotz als aus Solidarität beugt sich Marie herunter, nimmt den Kopf des Künstlers in beide Hände und küßt ihn auf den Mund. Er küßt sie zurück, selbstverständlich. Dann gibt Marie ihm ihre Telefonnummer und geht, spürt erst draußen an der kalten und klaren Nachtluft, wie betrunken sie eigentlich ist.

Der Künstler wartet drei Tage lang, dann ruft er sie an. Hat er tatsächlich – gewartet? Marie nimmt das an. Sie verbringen einen Abend in einer Bar, in der Marie friert und Schwächeanfälle bekommt, weil der Künstler sie ununterbrochen ansieht und sich nicht unterhalten will. Sie gehen an einem Vormittag im Park spazieren, der Künstler trägt eine schicke Sonnenbrille, die Marie gefällt. Sie sitzen einen Nachmittag lang im Café, Marie erzählt ein wenig von sich, ansonsten schweigt sie, der Künstler sagt, er würde Gespräche auf einer Metaebene nicht mögen.

Marie weiß nicht, was eine Metaebene sein soll. Wenn sie sich mit ihm trifft, zieht sie sich das einzige Paar flacher Schuhe an, das sie besitzt, der Größenunterschied zwischen ihnen ist ihr peinlich. Es ist Herbst. Durchs geöffnete Fenster von Maries Zimmer taumeln sterbende Wespen herein. Marie friert und trägt Handschuhe, die Tage sind schon kurz, und sie ist sehr oft müde. Manchmal legt sie den Kopf in den Nacken und versucht, perlend zu lachen. Es geht nicht richtig. Einmal fragt der Künstler, ob sie irgendwann mit ihm zwei Tage an die Ostsee fahren wolle. Marie sagt: Ja, denkt an Orte wie Ahlbeck, Fischland und Hiddensee, an den langen, weißen, winterlichen Strand, an Muscheln und ein unbewegtes Meer. Sie denkt nicht an den Künstler. Sie steht am Fenster, eine Tasse mit kaltem Tee in der Hand, und starrt auf die Straße. Sie ist verwirrt in diesen Tagen, steckt sich die glühende Zigarette falsch herum in den Mund, läßt den Wasserhahn laufen, verliert ihr Schlüsselbund. Einmal ruft der Künstler an und sagt tatsächlich: Ich liebe dich. Marie hockt auf dem Boden, den Telefonhörer zwischen Kopf und Schulter geklemmt, und schaut in den Spiegel. Sie macht die Augen langsam zu und langsam wieder auf. Der Künstler sagt jetzt nichts mehr, aber sie hört ihn atmen, leise, regelmäßig, ruhig. Er ist nicht aufgeregt. Marie auch nicht. Wiederum sagt sie: Ja, es wundert sie, daß das so schnell kommt. Der Künstler legt auf.

Wenn Marie an seine Augen denkt, spürt sie ein Ziehen im Rücken. Seine Augen sind wirklich schön. Sie wartet nicht darauf, daß er anruft, sie weiß, er wird anrufen. Der Künstler scheint mit seiner Zwergenhaftigkeit ganz zufrieden zu sein. Er unterstreicht sie, indem er sich zappelig und clownesk bewegt, er geht wie ein Zinnsoldat, manchmal macht er mitten auf der Straße einen Handstand, schneidet Grimassen, zaubert Geldstücke in sein Ohr hinein und aus der Nase wieder heraus. Er hat Marie seit dem Kuß auf dem Fest nie wieder berührt. Sie ihn auch nicht. Wenn sie sich verabschieden, tut er so, als würde er seine Hand auf ihren Arm legen, aber er zieht sie im letzten Moment immer wieder zurück. Was ist, wenn du meinen Blick so lange erwiderst, fragt er, Marie antwortet: Nähe, Aggression, Sexualität auch, Einverständnis. Sie weiß nicht, ob das stimmt. Der Künstler kann nicht lächeln. Wenn er meint, zu lächeln, kneift er doch nur die Augen zu schmalen Schlitzen zusammen und zieht die Mundwinkel empor. Marie findet das nicht überzeugend, und sie sagt es ihm, Triumph in der Stimme. Kann sein, sagt der Künstler und sieht zum ersten Mal verletzt aus.

Einmal, nachts, in einem Café, da ist Marie schon sehr betrunken, fragt sie ihn, ob er daran denken würde, mit ihr ins Bett zu gehen. Sie weiß, daß das falsch ist, aber sie kann die Frage nicht zurückhalten, seit Tagen schon möchte sie das fragen. Der Künstler sagt: Es hat sicher Frauen gegeben, bei denen ich es eher darauf angelegt habe. Marie ist empört, verschränkt die Arme vor der Brust und beschließt, jetzt überhaupt nichts mehr zu sagen. Der Künstler trinkt Wein, raucht, schaut sie an, sagt dann: Besser, du gehst jetzt, und Marie fährt auf ihrem Fahrrad nach Hause, sehr wütend.

Danach ruft sie ihn an. Ich habe keine Lust, mich von dir beobachten zu lassen, sagt der Künstler, ist aber dennoch bereit, sie zu sehen. Er erinnert Marie in gewisser Weise an ein Tier. Ein Tierchen. Ein kleines, schwarzes, behaartes, unheimliches Äffchen. Sie stellt die flachen Schuhe in den Schrank, zieht die hochhackigen Stiefel an und fährt mit dem Fahrrad zum ersten Mal in seine Wohnung.

Der Künstler öffnet ihr erst nach dem dritten Klingeln die Tür, er trägt seine Turnschuhe, seine zerrissene Jeans, seinen schwarzen Pullover. Er hat Marie einmal erzählt, daß er sich immer fünfzehn kleine Pullover auf einen Schlag kaufen und diese dann alle schwarz einfärben würde. In der Wohnung ist es warm. Seltsam aufgeräumt und ordentlich. Orange gestrichene Wände, Unmengen von Büchern, CDs, Schallplatten. Möchtest du Tee, fragt der Künstler, ja, sagt Marie und setzt sich an seinem Schreibtisch, der nicht am Fenster, sondern an der hinteren Zimmerwand steht, auf den einzigen Stuhl. Über dem Tisch an die Wand gepinnte Postkarten, Zeitungscomics, Fotos, Briefe. Schichten von kleinen, übereinanderhängenden Papieren. Der Künstler irgendwo im Süden, ein blondes, pausbäckiges Kind auf dem Arm. Spielpläne von Theatern, eine Buchkritik, säuberlich ausgeschnitten. Ein Streifen Paßfotos, der Künstler, weil zu klein, von oben, das Blitzlicht als einen weißen Fleck auf der Stirn. Ein Satz, im Großdruck auf gelbem Papier: „In den Zeiten des Verrats sind die Landschaften schön." In der Küche klappert der Künstler mit Tassen herum, Marie beißt sich auf die Unterlippe, ist befangen und nervös. Sie hört seine näherkommenden Schritte auf dem Korkteppich knistern, dreht sich zu ihm herum, setzt ein steifes Lächeln auf. Der Künstler stellt die Tassen auf der Glasplatte des Schreibtisches ab, fragt: Musik? Marie zuckt mit den Schultern, klammert sich an ihre Tasse, der Künstler legt eine CD ein. In den Lautsprecherboxen knackt es, Polly Jane Harveys Stimme

kommt von sehr fern – Is that all there is? Depressionsmusik, denkt Marie und überlegt, ob
105 sie das jetzt laut sagen sollte. Der Künstler kreist um sie herum, er sieht sehr selbstzufrieden
und sicher aus, er beobachtet sie und zieht ein spöttisches Gesicht. Marie räuspert sich. Der
Künstler sagt: Wie wärs mit ein bißchen Internet? Marie antwortet: Davon verstehe ich nichts,
der Künstler sagt sehr freundlich: Das macht nichts.

Er schaltet seinen Computer ein, es sirrt leise, das Schwarz des Bildschirms springt über in
110 ein helles, klares Blau. Ein lächelnder Miniaturcomputer erscheint, auf dem linken unteren
Rand des Bildschirms klappen sich verschiedene kleine Symbole auf. Marie verdreht die
Hände im Schoß und ist sehr verlegen. Der Künstler bedient Tasten, kreist sachte mit der Maus
herum, zieht hinter dem Computer eine faustgroße, graue Kugel hervor, in deren Mitte ein
schwarzglänzendes Auge sitzt. Er stellt die Kugel in die Mitte des Schreibtisches und richtet
115 ihr schwarzglänzendes Auge direkt auf Maries Gesicht. Marie starrt die Kugel an, der Künstler
kreist sachte mit der Maus herum, der Bildschirm wird weiß. Auf seinem linken, oberen Rand
erscheinen jetzt helle und dunkelgraue winzige Quadrate, ein Raster aus kleinen Punkten, das
sich stumm und geschwind über die Bildfläche ergießt. Maries Scheitel, Maries Stirn, Maries
Augenbrauen, ihre Augen, ihre Nase, Mund, Kinn, Hals, Brustansatz, ein schwarzweißes,
120 unheimliches Mariegesicht.

Das ist gräßlich, sagt Marie. Das Mariegesicht auf dem Bildschirm wiederholt zeitverzögert
und lautlos: Das ist gräßlich, klappt Augen und Mund auf und zu, fischig, gruselig, schrecklich.
Es ist nur unausgereift, sagt der Künstler, tippt ein wenig auf der Computertastatur herum,
das Mariegesicht wird schärfer und klarer in den Konturen, im Hintergrund erscheint die
125 rechte Bücherwand des Zimmers, das Fenster, der Himmel draußen, auf dem Bildschirm
grau, grau auch in Wirklichkeit. Man kann schon fast alles damit filmen, sagt der Künstler,
lächelt Marie unüberzeugend und freundlich an, Marie lächelt unüberzeugt zurück. Es ist
still. Marie hält dem Blick des Künstlers, der jetzt nicht mehr lächelt, stand. Zwischen seinen
Augenbrauen wächst ein drittes, schwarzes und schönes Auge heraus. Marie blinzelt, und das
130 Auge verschwindet wieder. Der Computer rauscht, Marie wagt es nicht, auf die Bildfläche
zu schauen, sie hat Angst vor dem unheimlichen und grauen Mariegesicht. Der Korkteppich
knistert, weil der Künstler jetzt auf sie zukommt. Marie drückt ihren Rücken gegen die Lehne

des Stuhls und starrt unverwandt in die Künstleraugen, als könne sie so das Schreckliche abwenden. Der Künstler legt seine rechte Hand an Maries Wange, die Hand ist kühl und weich. Marie macht ganz kurz die Augen zu. Dann ist sein Gesicht direkt vor ihrem, Marie hört auf zu atmen, und er küßt sie auf den Mund. Marie ist sehr nüchtern. Er ist es wohl auch. Auf dem Bildschirm des Computers erscheint der Kuß, zeitverzögert und lautlos, graue Wiederholung eines Augenblicks. Marie schaut jetzt doch hin, am Gesicht, an den geschlossenen Augen des Künstlers vorbei auf den Bildschirm, auf dem sich sein Gesicht an ihres schmiegt, ihr Gesicht verdrängt, sie die Augen öffnet, in Schwarzweiß.

Etwas dreht sich in Maries Kopf. Der Künstler atmet, drängt sich an Marie heran, drängt seine Hand um ihren Nacken, ihren Rücken hinunter, unter ihr Kleid. Marie ist konzentriert. Anstatt sich selbst, wie sonst immer, von oben aus einer Art Vogelperspektive zu sehen, sieht sie auf den Bildschirm, auf diese schweigende, fremde Verknotung zweier Menschen, und das ist seltsam. Im Zimmer ist es warm. Über dem Schreibtisch hängen Schichten von kleinen Papieren, der Künstler irgendwo im Süden, ein blondes, pausbäckiges Kind auf dem Arm. Es ist schade, denkt Marie, daß man die Dinge immer nur einmal zum ersten Mal sieht.

Der Künstler zieht Marie vom Stuhl hinunter auf den Boden. Marie hat irgendwann nur noch ihre hochhackigen Stiefel an, und dann auch diese nicht mehr. Auf der Bildfläche des Computers ist eine Bücherwand zu sehen, die Rückenlehne eines leeren Stuhls, ein Fenster, draußen ein dunkler Himmel.

Vokabeln:

1. *gruselig*: unheimlich, schaurig
2. *zappelig*: unruhig, lebhaft
3. *clownesk*: wie Spaßmacher im Zirkus

Arbeitsaufgaben:

1. Lesen Sie die Geschichte genau und unterstreichen Sie Textstellen, die Sie nicht

verstehen. Klären Sie diese Stellen durch erneutes Nachlesen, Nachschlagen oder Nachfragen.

2. Was wissen Sie über Künstler? Welchen Eindruck haben sie von dem Künstler in der Geschichte?
3. Wie können wir uns nach der Schilderung der Autorin Marie vorstellen?
4. Was will sie von dem Künstler?
5. Woran können Sie beim Wort „Metaebene" (Zeile 45) denken?
6. In der Zeile 50 ist vom „perlend zu lachen" die Rede; erklären Sie diesen Ausdruck!
7. Interpretieren Sie den Satz „Um sie herum werden die Leute unruhig" (Zeile 34).
8. Was für eine Beziehung ist in der Geschichte beschrieben? Skizzieren Sie die Entwicklung der Beziehungen von Marie und dem Künstler.
9. Beschreiben Sie die Wohnung des Künstlers.
10. Wie finden Sie die Sentenz „In den Zeiten des Verrats sind die Landschaften schön" (Zeile 98)?
11. Was haben Sie bei der Überschrift erwartet? Wie passt sie zum Text?
12. Welche Rolle spielen der Computer und die Camera-Kugel in der Geschichte?
13. Was will uns die Autorin in dieser Geschichte zeigen und sagen?

Zusatztext 1

Die Frau des Weisen[1]

Arthur Schnitzler

Hier werde ich lange bleiben. Über diesem Orte zwischen Meer und Wald liegt eine schwermütige Langeweile, die mir wohltut. Alles ist still und unbewegt. Nur die weißen Wolken

---

[1] Auszug aus *Die Frau des Weisen*.

treiben langsam; aber der Wind streicht so hoch über Wellen und Wipfel hin, daß das Meer und die Bäume nicht rauschen. Hier ist tiefe Einsamkeit, denn man fühlt sie immer; auch wenn man unter den vielen Leuten ist, im Hotel, auf der Promenade. Die Kurkapelle spielt meist melancholische schwedische und dänische Lieder, aber auch ihre lustigen Stücke klingen müd und gedämpft. Wenn die Musikanten fertig sind, steigen sie schweigend über die Stufen aus dem Kiosk herab und verschwinden mit ihren Instrumenten langsam und traurig in den Alleen.

Dies schreibe ich auf ein Blatt, während ich mich in einem Boote längs des Ufers hin rudern lasse.

Das Ufer ist mild und grün. Einfache Landhäuser mit Gärten; in den Gärten gleich am Wasser Bänke; hinter den Häusern die schmale, weiße Straße, jenseits der Straße der Wald. Der dehnt sich ins Land, weit, leicht ansteigend, und dort, wo er aufhört, steht die Sonne. Auf der schmalen und langgestreckten gelben Insel drüben liegt ihr Abendglanz. Der Ruderer sagt, man kann in zwei Stunden dort sein. Ich möchte wohl einmal hin. Aber hier ist man seltsam festgehalten; immer bin ich im nächsten Umkreis des kleinen Orts; am liebsten gleich am Ufer oder auf meiner Terrasse.

Ich liege unter den Buchen. Der schwere Nachmittag drückt die Zweige nieder; ab und zu hör' ich nahe Schritte von Menschen, die über den Waldweg kommen; aber ich kann sie nicht sehen, denn ich rühre mich nicht, und meine Augen tauchen in die Höhe. Ich höre auch das helle Lachen von Kindern, aber die große Stille um mich trinkt alles Geräusch rasch auf, und ist es kaum eine Sekunde lang verklungen, so scheint es längst vorbei. Wenn ich die Augen schließe und gleich wieder öffne, so erwache ich wie aus einer langen Nacht. So entgleite ich mir selbst und verschwebe wie ein Stück Natur in die große Ruhe um mich.

Mit der schönen Ruhe ist es aus. Nicht im Ruderboot und nicht unter Buchen wird es wiederkommen. Alles schein mit einem Male verändert. Die Melodien der Kapelle klingen sehr heiß und lustig; die Leute, die an einem vorbeigehen, reden viel; die Kinder lachen und schreien. Sogar das liebe Meer, das so schweigend schien, schlägt nachts lärmend an das Ufer. Das Leben ist wieder laut für mich geworden. Nie war ich so leicht vom Hause abgereist; ich hatte nichts Unvollendetes zurückgelassen. Ich hatte ein Doktorat gemacht; eine künstlerische Illusion, die mich eine Jugend hindurch begleitet, hatte ich endgültig begraben, und Fräulein

Jenny war die Gattin eines Uhrmachers geworden. So hatte ich das seltene Glück gehabt, eine Reise anzutreten, ohne eine Geliebte zu Hause zu lassen und ohne eine Illusion mitzunehmen. In der Empfindung eines abgeschlossenen Lebensabschnittes hatte ich mich sicher und wohl gefühlt. Und nun ist alles wieder aus – denn Frau Friederike ist da.

Spätabends auf meiner Terrasse; ich hab' ein Licht auf meinen Tisch gestellt und schreibe. Es ist die Zeit, über alles ins klare zu kommen. Ich zeichne mir das Gespräch auf, das erste mit ihr nach sieben Jahren, das erste nach jener Stunde ...

Es war am Strand, um die Mittagszeit. Ich saß auf einer Bank. Zuweilen gingen Leute an mir vorüber. Eine Frau mit einem kleinen Jungen stand auf der Ladungsbrücke, zu weit, als daß ich die Gesichtszüge hätte ausnehmen können. Sie war mir übrigens durchaus nicht aufgefallen; ich wußte nur, daß sie schon lange dort gestanden war, als sie endlich die Brücke verließ und mir immer näher kam. Sie führte den Jungen Knaben an der Hand. Nun sah ich, daß sie jung und schlank war. Das Gesicht kam mir bekannt vor. Sie war noch zehn Schritte von mir; da erhob ich mich rasch und ging ihr entgegen. Sie hatte gelächelt, und ich wußte, er sie war.

„Ja, ich bin es", sagte sie und reichte mir die Hand.

„Ich habe Sie gleich erkannt", sagte ich.

„Ich hoffe, das ist nicht zu schwer gewesen", erwiderte sie. „Und Sie haben sich eigentlich auch gar nicht verändert."

„Sieben Jahre ...", sagte ich.

Sie nickte. „Sieben Jahre ..."

Wir schwiegen beide. Sie war sehr schön. Jetzt glitt ein Lächeln über ihr Gesicht, sie wandte sich zu dem Jungen, den sie noch immer an der Hand hielt, und sagte: „Gib dem Herrn die Hand." Der kleine reichte sie mir, schaute mich aber dabei nicht an.

„Das ist mein Sohn", sagte sie.

Es war ein hübscher brauner Bub mit hellen Augen.

„Es ist doch schön, daß man einander wieder begegnet im Leben", begann sie, „ich hätte nicht gedacht ..."

„Es ist auch sonderbar"; sagte ich.

„Warum?" fragte sie, indem sie mir lächelnd und das erstemal ganz voll in die Augen sah. „Es ist Sommer ..., alle Leute reisen, nicht wahr?"

Jetzt lag mir die Frage nach ihrem Mann auf den Lippen; aber ich vermochte es nicht, sie auszusprechen.

„Wie lange werden Sie hier bleiben?" fragte ich.

„Vierzehn Tage. Dann treffe ich mit meinem Manne in Kopenhagen zusammen."

Ich sah sie mit einem raschen Blick an; der ihre antwortete unbefangen: „Wundert dich das vielleicht?"

Ich fühlte mich unsicher, unruhig beinahe. Wie etwas Unbegreifliches erschien es mir plötzlich, daß man Dingeso völlig vergessen kann. Denn nun merkte ich erst: an jene Stunde vor sieben Jahren hatte ich seit lange so wenig gedacht, als währe sie nie erlebt worden.

„Sie werden mir aber viel erzählen müssen", begann sie aufs neue, „sehr, sehr viel. Gewiß sind Sie schon lange Doktor?"

„Nicht so lange – seit einem Monat."

„Sie haben aber noch immer Ihr Kindergesicht", sagte sie.

„Ihr Schnurrbart sieht aus, als wenn sie aufgeklebt wäre."

Vom Hotel her, überlaut, tönte die Glocke, die zum Essen rief.

„Adieu", sagte sie jetzt, als hätte sie nur darauf gewartet.

„Können wir nicht zusammen gehen?" fragte ich.

„Ich speise mit dem Buben auf meinem Zimmer. Ich bin nicht gern unter so vielen Menschen."

„Wann sehen wir und wieder?"

Sie wies lächelnd mit den Augen auf die kleine Strandpromenade. „Hier muß man einander doch immer begegnen", sagte sie – und als sie merkte, daß ich von ihrer Antwort unangenehm berührt war, setzte sie hinzu: „Besonders, wenn man Lust dazu hat. – Auf Wiedersehen."

Sie reichte mir die Hand, und ohne sich noch einmal anzusehen, entfernte sie sich. Der kleine Junge blickte aber noch einmal nach mir zurück.

Ich bin den ganzen Nachmittag und den ganzen Abend auf der Promenade hin und hier gegangen, und sie ist nicht gekommen. Am Ende ist sie schon wieder fort? Ich dürfte eigentlich nicht darüber staunen.

Ein Tag ist vergangen, ohne daß ich sie gesehen. Den ganzen Vormittag hat es geregnet, und außer mir war fast niemand auf der Promenade. Ein paar Mal bin ich an dem Haus vorbei, in dem sie wohnt, ich weiß aber nicht, welches ihre Fenster sind. Nachmittag ließ der Regen nach, und ich machte einen langen Spaziergang auf der Straße längs des Meeres bis zum nächsten Orte. Es war trüb und schwül.

Auf dem Wege habe ich an nichts anderes denken können als an jene Zeit. Alles habe ich deutlich wieder vor mir gesehen. Das freundliche Haus, in dem ich gewohnt, und das Gärtchen mit den grünlackierten Stühlen und Tischen. Und die kleine Stadt mit ihren stillen weißen Straßen. Und die fernen, im Nebel verschwimmenden Hügel. Und über all dem lag ein Stück blaßblauer Himmel, der so dazugehörte, als wenn er auf der ganzen Welt nur dort so blaß und blau gewesen wäre. Auch die Menschen von damals sah ich alle wieder; meine Mitschüler, meine Lehrer, auch Friederikens Mann. Ich sah ihn anders, als er mir in jenem letzten Augenblick erschienen war; – ich sah ihn mit dem milden, etwas müden Ausdruck im Gesicht, wie er nach der Schule auf der Straße an uns Knaben freundlich grüßend vorüberzuschreiten pflegte, und wie er bei Tische zwischen Friederike und mir, meist schweigend, gesessen; ich sah ihn, wie ich ihn oft von meinem Fenster aus erblickt hatte: im Garten vor dem grünlackierten Tisch, die Arbeiten von uns Schülern korrigierend. Und ich erinnerte mich, wie Friederike in den Garten gekommen, ihm den Nachmittagskaffee gebracht und dabei zu meinem Fenster hinaufgeschaut, lächelnd, mit einem Blicke, den ich damals nicht verstanden ... bis zu jener letzten Stunde. – Jetzt weiß ich auch, daß ich mich oft an all das erinnert habe. Aber nicht wie an etwas Lebendiges, sondern wie an ein Bild, das still und friedlich an einer Wand zu Hause hängt.

Wir sind heute am Strand nebeneinander gesessen und haben miteinander gesprochen wie Fremde. Der Bub spielte zu unseren Füßen mit Sand und Steinen. Es war nicht, als wenn irgend etwas auf uns lastete: wie Menschen, die einander nichts bedeuten, und die der Zufall des Badelebens auf kurze Zeit zusammengeführt, haben wir miteinander geplaudert; über das Wetter, über die Gegend, über die Leute, auch über Musik und über ein paar neue Bücher. Während ich neben ihr saß, empfand ich es nicht unangenehm; als sie aber aufstand und fortging, war es mir mit einemmal unerträglich. Ich hätte ihr nachrufen mögen: Laß mir doch etwas da; aber sie hätte es nicht einmal verstanden. Und wenn ich's überlege, was durfte ich anderes erwarten? Daß sie mir bei unserer ersten Begegnung so freundlich entgegengekommen, war offenbar nur in der Überraschung begründet; vielleicht auch in dem frohen Gefühl, an einem fremden Orte einen alten Bekannten wiederzufinden. Nun aber hat sie Zeit gehabt, sich an alles zu erinnern wie ich; und was sie auf immer vergessen zu haben hoffte, ist mächtig wieder aufgetaucht. Ich kann es ja gar nicht ermessen, was sie um meinetwillen hat erdulden müssen, und was sie vielleicht noch heute leiden muß. Daß sie mit ihm zusammengeblieben ist, seh' ich wohl; und daß sie sich wieder versöhnt haben, dafür ist der vierjährige Junge ein lebendiges Zeugnis; – aber man kann sich versöhnen, ohne zu verzeihen, und man kann verzeihen, ohne zu vergessen. – Ich sollte fort, es wäre besser für uns beide.

Vokabeln:

die *Promenade*: Sparziergang

Arbeitsaufgaben:

1. Sehen Sie einen Sinn in der Darstellung der Gegend im 1., 3. und 4. Textabschnitt?
2. Was will der Ich-Erzähler ausdrücken, wenn er erzählt: „So entgleite ich mir selbst und verschwebe wie ein Stück Natur in die große Ruhe um mich" (Zeile 24/25)?
3. Was für einen Lebensabschnitt hat der Ich-Erzähler abgeschlossen?
4. Was für ein Verhältnis hat es zwischen der Frau und dem Ich-Erzähler wohl gegeben?
5. Auf welche Gedanken bringen sie die Sätze „aber man kann sich versöhnen, ohne zu verzeihen, und man kann verzeihen, ohne zu vergessen" (Zeile 127/128)?

Zusatztext 2

Unverhofftes Wiedersehen

Johann Peter Hebel

In Falun in Schweden küßte vor guten fünfzig Jahren und mehr ein junger Bergmann seine junge hübsche Braut und sagte zu ihr: „Auf Sankt Luziä wird unsere Liebe von des Priesters Hand gesegnet. Dann sind wir Mann und Frau und bauen unser eigenes Nestlein." – „Und Friede und Liebe soll darin wohnen", sagte die schöne Braut mit holdem Lächeln, „denn du bist für mich alles, und ohne dich möchte ich lieber im Grab sein als an einem anderen Ort."
Als sie aber vor Sankt Luziä der Pfarrer zum zweiten Mal in der Kirche aufgeboten hatte: „So nun jemand Hindernis wüßte anzuzeigen, warum diese Personen nicht möchten ehelich zusammenkommen", da meldete sich der Tod. Denn als der Jüngling den anderen Morgen in seiner schwarzen Bergmannskleidung an ihrem Haus vorüberging – der Bergmann hat immer sein Totenkleid an –, da klopfte er zwar noch einmal an ihrem Fenster und sagte ihr guten Morgen, aber keinen guten Abend mehr. Er kam nimmer aus dem Bergwerk zurück, und sie nähte vergeblich selbigen Morgen ein schwarzes Halstuch mit rotem Rand für ihn zum Hochzeitstag, sondern als er nimmer kam, legte sie es weg und weinte um ihn und vergaß ihn nie.

Unterdessen wurde die Stadt Lissabon durch ein Erdbeben zerstört, und der siebenjährige Krieg ging vorüber, und Kaiser Franz der Erste starb, und der Jesuiten-Orden wurde aufgehoben und Polen geteilt, und die Kaiserin Maria Theresia starb, und der Struensee wurde hingerichtet, Amerika wurde frei, und die vereinigte französische und spanische Macht konnte Gibraltar nicht erobern. Die Türken schlossen den General Stein in der Veteraner Höhle in Ungarn ein, und der Kaiser Joseph starb auch. Der König Gustav von Schweden eroberte Russisch-Finnland, und die Französische Revolution und der lange Krieg fing an, und der Kaiser Leopold der Zweite ging auch ins Grab. Napoleon eroberte Preußen, und die Engländer bombardierten Kopenhagen, und die Ackerleute säten und schnitten. Der Müller mahlte, und die Schmiede hämmerten, und die Bergleute gruben nach den Metalladern in ihrer unterirdischen Werkstatt.

Als aber die Bergleute in Falun im Jahre 1809 zwischen zwei Schächten eine Öffnung durchgraben wollten, gute dreihundert Ellen tief unter dem Boden, gruben sie aus dem Schutt und Vitriolwasser den Leichnam eines Jünglings heraus, der ganz mit Eisenvitriol durchdrungen, sonst aber unverwest und unverändert war, so dass man seine Gesichtszüge und sein Alter völlig erkennen konnte, als wenn er erst vor einer Stunde gestorben oder ein wenig eingeschlafen wäre an der Arbeit.

Als man ihn aber zu Tag ausgegraben hatte, Vater und Mutter, Freunde und Bekannte waren schon lange tot, kein Mensch wollte den schlafenden Jüngling kennen oder etwas von seinem Unglück wissen, bis die ehemalige Verlobte des Bergmanns kam, der eines Tages auf die Schicht gegangen und nimmer zurückgekehrte. Grau und zusammengeschrumpft kam sie an einer Krücke an den Platz und erkannte ihren Bräutigam; und mehr mit freudigem Entzücken als mit Schmerz sank sie auf die geliebte Leiche nieder, und erst als sie sich von einer langen, heftigen Bewegung des Gemütes erholt hatte, sagte sie: „Es ist mein Verlobter, um den ich fünfzig Jahre lang getrauert habe und den mich Gott noch einmal sehen lässt vor meinem Ende. Acht Tage vor der Hochzeit ist er unter die Erde gegangen und nicht mehr heraufgekommen."

Da wurden die Gemüter aller Umstehenden von Wehmut und Tränen ergriffen, als sie die ehemalige Braut jetzt in der Gestalt des hingewelkten, kraftlosen Alters sahen und den Bräutigam noch in seiner jugendlichen Schöne, und wie in ihrer Brust nach fünfzig Jahren die Flamme der jugendlichen Liebe noch einmal erwachte. Aber er öffnete den Mund nicht mehr zum Lächeln oder die Augen zum Wiedererkennen. Und wie sie ihn endlich von den Bergleuten in ihr Stüblein tragen ließ, als die einzige, die ihm angehöre und ein Recht an ihn habe, bis sein Grab gerüstet sei auf dem Kirchhof. Den anderen Tag, als das Grab gerüstet war und ihn die Bergleute holten, schloss sie ein Kästlein auf, legte ihm das schwarzseidene Halstuch mit roten Streifen um und begleitete ihn dann in ihrem Sonntagsgewand, als wenn es ihr Hochzeitstag und nicht der Tag seiner Beerdigung wäre. Denn als man ihn auf dem Kirchhof ins Grab legte, sagte sie: „Schlafe nun wohl, noch einen Tag oder zehn im kühlen

Hochzeitsbett, und lass' dir die Zeit nicht lang werden. Ich habe nur noch ein wenig zu tun und komme bald, und bald wird's wieder Tag. Was die Erde einmal wiedergegeben hat, wird sie zum zweiten Mal auch nicht behalten," sagte sie, als sie fortging und noch einmal umschaute.

Vokabeln:

aufbieten: eine beabsichtigte Heirat in der Kirche bekannt machen; die Verlobten bestellen beim Priester das „Aufgebot", und der Priester bietet das Paar vor der Eheschließung dreimal in der Kirche auf, damit die Leute auch die Möglichkeit haben, gegen die Ehe zu protestieren

Arbeitsaufgaben:

1. Welche Geschehnisse der Weltgeschichte werden aufgezählt?
2. Im Text wird die Konjunktion „und" 16 Male verwendet. Warum?
3. Wie ist der Symbolgehalt der Erzählung zu erfassen?
4. Wie verstehen Sie den Satz „Was die Erde einmal wiedergegeben hat, wird sie zum zweiten Mal auch nicht behalten" (Zeile 52/53)?

Lektion 4

Haupttext

Die unwürdige Greisin

Bertolt Brecht

Meine Großmutter war zweiundsiebzig Jahre alt, als mein Großvater starb. Er hatte eine kleine Lithographenanstalt in einem badischen Städtchen und arbeitete darin mit zwei, drei Gehilfen bis zu seinem Tod. Meine Großmutter besorgte ohne Magd den Haushalt, betreute das alte, wacklige Haus und kochte für die Mannsleute und Kinder.
Sie war eine kleine magere Frau mit lebhaften Eidechsenaugen, aber langsamer Sprechweise. 5
Mit recht kärglichen Mitteln hatte sie fünf Kinder großgezogen – von den sieben, die sie geboren hatte. Davon war sie mit den Jahren kleiner geworden.
Von den Kindern gingen die zwei Mädchen nach Amerika, und zwei Söhne zogen ebenfalls weg. Nur der Jüngste, der eine schwache Gesundheit hatte, blieb im Städtchen. Er wurde Buchdrucker und legte sich eine viel zu große Familie zu. 10
So war sie allein im Haus, als mein Großvater gestorben war.
Die Kinder schrieben sich Briefe über das Problem, was mit ihr zu geschehen hätte. Einer konnte ihr bei sich ein Heim anbieten, und der Buchdrucker wollte mit den Seinen zu ihr ins Haus ziehen. Aber die Greisin verhielt sich abweisend zu den Vorschlägen und wollte nur von jedem ihrer Kinder, das dazu imstande war, eine kleine geldliche Unterstützung annehmen. 15
Die Lithographenanstalt, längst veraltet, brachte fast nichts beim Verkauf, und es waren auch

Schulden da.

Die Kinder schrieben ihr, sie könne doch nicht ganz allein leben, aber als sie darauf überhaupt nicht einging, gaben sie nach und schickten ihr monatlich ein bisschen Geld. Schließlich, dachten sie, war ja der Buchdrucker im Städtchen geblieben.

Der Buchdrucker übernahm es auch, seinen Geschwistern mitunter über die Mutter zu berichten. Seine Briefe an meinen Vater und was dieser bei einem Besuch und nach dem Begräbnis meiner Großmutter zwei Jahre später erfuhr, geben mir ein Bild von dem, was in diesen zwei Jahren geschah.

Es scheint, dass der Buchdrucker von Anfang an enttäuscht war, dass meine Großmutter sich weigerte, ihn in das ziemlich große und nun leerstehende Haus aufzunehmen. Er wohnte mit vier Kindern in drei Zimmern. Aber die Greisin hielt überhaupt nur eine sehr lose Verbindung mit ihm aufrecht. Sie lud die Kinder jeden Sonntagnachmittag zum Kaffee ein, das war eigentlich alles.

Sie besuchte ihren Sohn ein- oder zweimal in einem Vierteljahr und half der Schwiegertochter beim Beereneinkochen. Die junge Frau entnahm einigen ihrer Äußerungen, dass es ihr in der kleinen Wohnung des Buchdruckers zu eng war. Dieser konnte sich nicht enthalten, in seinem Bericht darüber ein Ausrufezeichen anzubringen.

Auf eine schriftliche Anfrage meines Vaters, was die alte Frau denn jetzt so mache, antwortete er ziemlich kurz, sie besuche das Kino.

Man muss verstehen, dass das nichts Gewöhnliches war, jedenfalls nicht in den Augen ihrer Kinder. Das Kino war vor dreißig Jahren noch nicht, was es heute ist. Es handelte sich um elende, schlechtgelüftete Lokale, oft in alten Kegelbahnen eingerichtet, mit schreienden Plakaten vor dem Eingang, auf denen Morde und Tragödien der Leidenschaft angezeigt waren.

Eigentlich gingen nur Halbwüchsige hin oder des Dunkels wegen Liebespaare. Eine einzelne alte Frau musste dort sicher auffallen.

Und so war noch eine andere Seite dieses Kinobesuchs zu bedenken. Der Eintritt war gewiss billig, da aber das Vergnügen ungefähr unter den Schleckereien rangierte, bedeutete es „hinausgeworfenes Geld". Und Geld hinauszuwerfen war nicht respektabel.

Dazu kam, dass meine Großmutter nicht nur mit ihrem Sohn am Ort keinen regelmäßigen

Verkehr pflegte, sondern auch sonst niemanden von ihren Bekannten besuchte oder einlud. Sie ging niemals zu den Kaffeegesellschaften des Städtchens. Dafür besuchte sie häufig die Werkstatt eines Flickschusters in einem armen und sogar etwas verrufenen Gässchen, in der, besonders nachmittags, allerlei nicht besonders respektable Existenzen herumsaßen, stellungslose Kellnerinnen und Handwerksburschen. Der Flickschuster war ein Mann in mittleren Jahren, der in der ganzen Welt herumgekommen war, ohne es zu etwas gebracht zu haben. Es hieß auch, dass er trank. Er war jedenfalls kein Verkehr für meine Großmutter.

Der Buchdrucker deutete in einem Brief an, dass er seine Mutter darauf hingewiesen, aber einen recht kühlen Bescheid bekommen habe. „Er hat etwas gesehen", war ihre Antwort, und das Gespräch war damit zu Ende. Es war nicht leicht, mit meiner Großmutter über Dinge zu reden, die sie nicht bereden wollte.

Etwa ein halbes Jahr nach dem Tod des Großvaters schrieb der Buchdrucker meinem Vater, dass die Mutter jetzt jeden zweiten Tag im Gasthof esse.

Was für eine Nachricht! Großmutter, die zeit ihres Lebens für ein Dutzend Menschen gekocht und immer nur die Reste aufgegessen hatte, aß jetzt im Gasthof. Was war in sie gefahren?

Bald darauf führte meinen Vater eine Geschäftsreise in die Nähe, und er besuchte seine Mutter. Er traf sie im Begriffe auszugehen. Sie nahm den Hut wieder ab und setzte ihm ein Glas Rotwein mit Zwieback vor. Sie schien ganz ausgeglichener Stimmung zu sein, weder besonders aufgekratzt noch besonders schweigsam. Sie erkundigte sich nach uns, allerdings nicht sehr eingehend, und wollte hauptsächlich wissen, ob es für die Kinder auch Kirschen gäbe. Da war sie ganz wie immer. Die Stube war natürlich peinlich sauber, und sie sah gesund aus.

Das einzige, was auf ihr neues Leben hindeutete, war, dass sie nicht mit meinem Vater auf den Gottesacker gehen wollte, das Grab ihres Mannes zu besuchen. „Du kannst allein hingehen", sagte sie beiläufig, „es ist das dritte von links in der elften Reihe. Ich muss noch wohin."

Der Buchdrucker erklärte nachher, dass sie wahrscheinlich zu ihrem Flickschuster musste. Er klagte sehr. „Ich sitze hier in diesen Löchern mit den Meinen und habe nur noch fünf Stunden Arbeit und schlecht bezahlte, dazu macht mir mein Asthma wieder zu schaffen, und das Haus in der Hauptstraße steht leer."

75　Mein Vater hatte im Gasthof ein Zimmer genommen, aber erwartet, dass er zum Wohnen doch von seiner Mutter eingeladen werden würde, wenigstens pro forma, aber sie sprach nicht davon. Und sogar als das Haus voll gewesen war, hatte sie immer etwas dagegen gehabt, dass er nicht bei ihnen wohnte und dazu das Geld für das Hotel ausgab!

　　Aber sie schien mit ihrem Familienleben abgeschlossen zu haben und neue Wege zu gehen,
80　jetzt, wo ihr Leben sich neigte. Mein Vater, der eine gute Portion Humor besaß, fand sie „ganz munter" und sagte meinem Onkel, er solle die alte Frau machen lassen, was sie wolle. Aber was wollte sie? Das nächste, was berichtet wurde, war, dass sie eine Bregg bestellt hatte und nach einem Ausflugsort gefahren war an einem gewöhnlichen Donnerstag. Eine Bregg war ein großes, hochrädriges Pferdegefährt mit Plätzen für ganze Familien. Einige wenige Male, wenn
85　wir Enkelkinder zu Besuch gekommen waren, hatte Großvater die Bregg gemietet. Großmutter war immer zu Hause geblieben. Sie hatte es mit einer wegwerfenden Handbewegung abgelehnt mitzukommen. Und nach der Bregg kam die Reise nach K., einer größeren Stadt, etwa zwei Eisenbahnstunden entfernt. Dort war ein Pferderennen, und zu dem Pferderennen fuhr meine Großmutter.

90　Der Buchdrucker war jetzt durch und durch alarmiert. Er wollte einen Arzt hinzugezogen haben. Mein Vater schüttelte den Kopf, als er den Brief las, lehnte aber die Hinzuziehung eines Arztes ab.

　　Nach K. war meine Großmutter nicht allein gefahren. Sie hatte ein junges Mädchen mitgenommen, eine halb Schwachsinnige, wie der Buchdrucker schrieb, das Küchenmädchen
95　des Gasthofs, in dem die Greisin jeden zweiten Tag speiste. Dieser „Krüppel" spielte von jetzt an eine Rolle.

　　Meine Großmutter schien einen Narren an ihr gefressen zu haben. Sie nahm sie mit ins Kino und zum Flickschuster, der sich übrigens als Sozialdemokrat herausgestellt hatte, und es ging das Gerücht, dass die beiden Frauen bei einem Glas Rotwein in der Küche Karten spielten.

100　„Sie hat dem Krüppel jetzt einen Hut gekauft mit Rosen drauf", schrieb der Buchdrucker verzweifelt. „Und unsere Anna hat kein Kommunionskleid."

　　Die Briefe meines Onkels wurden ganz hysterisch, handelten nur von der „unwürdigen Aufführung unserer lieben Mutter" und gaben sonst nichts mehr her. Das Weitere habe ich von meinem Vater.

Der Gastwirt hatte ihm mit Augenzwinkern zugeraunt: „Frau B. amüsiert sich ja jetzt, wie man hört."

In Wirklichkeit lebte meine Großmutter auch diese letzten Jahre keinesfalls üppig. Wenn sie nicht im Gasthof aß, nahm sie meist nur ein wenig Eierspeise zu sich, etwas Kaffee und vor allem ihren geliebten Zwieback. Dafür leistete sie sich einen billigen Rotwein, von dem sie zu allen Mahlzeiten ein kleines Glas trank. Das Haus hielt sie sehr rein, und nicht nur die Schlafstube und die Küche, die sie benutzte. Jedoch nahm sie darauf ohne Wissen ihrer Kinder eine Hypothek auf. Es kam niemals heraus, was sie mit dem Geld machte. Sie scheint es dem Flickschuster gegeben zu haben. Er zog nach ihrem Tod in eine andere Stadt und soll dort ein größeres Geschäft für Maßschuhe eröffnet haben.

Genau betrachtet, lebte sie hintereinander zwei Leben. Das eine, erste, als Tochter, als Frau und als Mutter, und das zweite einfach als Frau B., eine alleinstehende Person ohne Verpflichtungen und mit bescheidenen, aber ausreichenden Mitteln. Das erste Leben dauerte etwa sechs Jahrzehnte, das zweite nicht mehr als zwei Jahre.

Mein Vater brachte in Erfahrung, dass sie im letzten halben Jahr sich gewisse Freiheiten gestattete, die normale Leute gar nicht kennen. So konnte sie im Sommer früh um drei Uhr aufstehen und durch die leeren Straßen des Städtchens spazieren, das sie so für sich ganz allein hatte. Und den Pfarrer, der sie besuchen kam, um der alten Frau in ihrer Vereinsamung Gesellschaft zu leisten, lud sie, wie allgemein behauptet wurde, ins Kino ein.

Sie war keineswegs vereinsamt. Bei dem Flickschuster verkehrten anscheinend lauter lustige Leute, und es wurde viel erzählt. Sie hatte dort immer eine Flasche ihres eigenen Rotweins stehen, und daraus trank sie ihr Gläschen, während die anderen erzählten und über die würdigen Autoritäten der Stadt loszogen. Dieser Rotwein blieb für sie reserviert, jedoch brachte sie mitunter der Gesellschaft stärkere Getränke mit.

Sie starb ganz unvermittelt an einem Herbstnachmittag in ihrem Schlafzimmer, aber nicht im Bett, sondern auf dem Holzstuhl am Fenster. Sie hatte den „Krüppel" für den Abend ins Kino eingeladen, und so war das Mädchen bei ihr, als sie starb. Sie war vierundsiebzig Jahre alt.

Ich habe eine Photographie von ihr gesehen, die sie auf dem Totenbett zeigt und die für die

Kinder angefertigt worden war. Man sieht ein winziges Gesichtchen mit vielen Falten und einen schmallippigen, aber breiten Mund. Viel Kleines, aber nichts Kleinliches. Sie hatte die
135 langen Jahre der Knechtschaft und die kurzen Jahre der Freiheit ausgekostet und das Brot des Lebens aufgezehrt bis auf den letzten Brosamen.

Vokabeln:

1. *die Lithographie*: Steindruck
2. *pro forma*: zum Schein
3. *der Krüppel*: Körperbehinderter
4. *einen Narren an jm. gefressen haben*: närrisch auf jemand sein

Arbeitsaufgaben:

1. Stellen Sie fest, wievielte Personen sich über die Großmutter äußern.
2. Informieren Sie sich im Lexikon oder im Internet übers „Beereneinkochen" (Zeile 31) und schreiben Sie einen kurzen Bericht darüber.
3. Was denken Sie, warum der Buchdrucker in seinem Bericht ein Ausrufezeichen anbringt? (Zeile 33)
4. „hinausgeworfenes Geld" (Zeile 44) ist ein Teil einer deutschen Redewendung. Kennen Sie sie?
5. Übersetzen Sie ins Chinesisch:

   Dazu kam, dass meine Großmutter nicht nur mit ihrem Sohn am Ort keinen regelmäßigen Verkehr pflegte, sondern auch sonst niemanden von ihren Bekannten besuchte oder einlud. Sie ging niemals zu den Kaffeegesellschaften des Städtchens. Dafür besuchte sie häufig die Werkstatt eines Flickschusters in einem armen und sogar etwas verrufenen Gässchen, in der, besonders nachmittags, allerlei nicht besonders respektable Existenzen herumsaßen, stellungslose Kellnerinnen und Handwerksburschen. Der Flickschuster war ein Mann in mittleren Jahren, der in der ganzen Welt herumgekommen war, ohne es zu etwas gebracht zu haben. Es hieß auch, dass er trank. Er war jedenfalls kein Verkehr für meine Großmutter. (Zeile 45-52)

6. Suchen Sie die Stellen, in denen der Autor Vermutungen über die Vorgänge äußert.
7. Suchen Sie die Stellen, in denen der Autor Erklärungen und Urteile abgibt.
8. Wie verstehen Sie den Satz „Viel Kleines, aber nichts Kleinliches." (Zeile 134)?
9. Versuchen Sie eine Charakterisierung der Frau B..
10. Versuchen Sie den Buchdrucker zu beschreiben.
11. Woher kommen die widersprüchlichen Meinungen des Buchdruckers und des Vaters?
12. Welche Bedürfnisse der alten Menschen werden implizit angesprochen?
13. Was ist wohl die Erzählabsicht Bertolt Brechts?
14. Geben Sie zu den traditionellen gesellschaftlichen Erwartungen von Frauen und Müttern eine Stellungnahme!

Zusatztext 1

Ehe[1]

Simone de Beauvoir

Das Schicksal, das die Gesellschaft herkömmlicherweise für die Frau bereit hält, ist die Ehe. Auch heute noch sind die meisten Frauen verheiratet, sie waren es, sie bereiten sich auf die Ehe vor, oder sie leiden darunter, daß sie nicht verheiratet sind. Unter dem Gesichtspunkt der Ehe sieht sich die Ledige, mag sie um diese betrogen sein, sich gegen ihre Einrichtung auflehnen

---

[1] Auszug aus *Das andere Geschlecht*.

5   oder ihr gleichgültig gegenüberstehen. [...]

Die witschaftliche Entwicklung der weiblichen Lebensbedingungen ist dabei, die Einrichtung der Ehe umzustürzen: Sie wird zu einer frei eingegangenen Vereinigung zweier autonomer Eigenpersönlichkeiten. Die Gatten verpflichten sich persönlich und gegenseitig. Der Ehebruch ist für beide Teile eine Aufkündigung des Vertrages. Die Scheidung ist dem einen
10 wie dem andern unter gleichen Bedingungen zugänglich. Die Frau ist nicht mehr in ihrer Gebär-Funktion eingeengt. Diese hat zum großen Teil ihren Charakter einer natürlichen Hörigkeit verloren, sie stellt sich als eine Belastung dar, die sie freiwillig auf sich nimmt. Sie fügt sich auch in eine produktive Arbeit ein, da vielfach die Erholungszeit, die eine Schwangerschaft erfordert, der Mutter vom Staat oder vom Unternehmer vergütet werden
15 muß. In der Sowjetunion wurde die Ehe einige Jahre hindurch als ein zwischen den Partnern abgeschlossener Vertrag angesehen, der allein auf der freien Entscheidung der Gatten beruhte. Anscheinend ist sie dort heute eine Dienstleistung, die der Staat den beiden auferlegt. Es hängt von der allgemeinen Gesellschaftsstruktur ab, ob in der Welt von morgen die eine oder die andere Tendenz überwiegt. Auf jeden Fall ist die Bevormundung durch den Mann
20 im Verschwinden begriffen. Jedoch ist die Zeit, in der wir heute leben, vom Standpunkt der Frauenfrage aus noch eine Zeit des Übergangs. Nur ein Teil der Frauen nimmt am Produktionsprozeß teil, und gerade sie gehören einer Gesellschaftsschicht an, in der überalterte Strukturen, überalterte Wertbegriffe noch lebendig sind. Die moderne Ehe läßt sich nur vom Gesichtspunkt einer Vergangenheit begreifen, die sie fortsetzt.

25 Die Ehe bietet sich dem Mann und der Frau stets grundverschieden dar. Die beiden Geschlechter sind aufeinander angewiesen, aber diese Notwendigkeit hat nie zwischen ihnen zur Gegenseitigkeit geführt. Nie haben die Frauen eine Kaste gebildet, die mit der Männerkaste auf gleichem Euß verkehrt und verhandelt hätte. Sozial gesehen ist der Mann ein autonomes und komplettes Individuum. Er wird vor allem als ein produktives Wesen
30 angesehen, und sein Dasein rechtfertigt sich durch die Artbei, die er der Gesamtheit liefert. Wir haben auseinandergesetzt, aus welchen Gründen die Rolle als Gebärerin und Hausfrau, in welche die Frau eingepfercht wird, ihr eine gleiche Würde nicht zugesichert hat. Gewiß ist der Mann auf sie angewiesen. Bei gewissen primitiven Völkern kommt es vor, daß der

Junggeselle, da er unfähig ist, seinen Unterhalt allein zu sichern, zu einer Art Paria wird. In ländlichen Gemeinwesen braucht der Bauer unbedingt eine Gehilfin. Und für die meisten Männer ist es vorteilhaft, gewisse Lasten auf eine Gefährtin abzuwälzen. Das Individuum möchte ein geregeltes Sexualleben, wünscht sich Nachkommen, und die Gesellschaft verlangt seinen Beitrag zu ihrem Fortbestand. Der Mann appelliert jedoch hierbei nicht an die Frau als solche: Die Gesellschaft der Männer gestattet jedem ihrer Mitglieder, sich als Gatte und Vater zu vollenden. Als Sklavin oder Abhängige dem Familienverband eingefügt, den Väter und Brüder beherrschen, ist die Frau immer gewissen Männern von anderen Männern zur Ehe gegeben worden. In primitiven Zeiten verfügen der Stamm, die väterliche Sippe über sie etwa wie über eine Sache: Sie bildet einen Teil der Naturallieferungen, die zwei Gruppen miteinander vereinbaren. Ihre Lage hat sich nicht grundlegend geändert, seit die Ehe im Lauf ihrer Entwicklung die Form eines Vertrages angenommen hat. Diese Entwicklung fand diskontinuierlich statt. Sie wiederholte sich in Ägypten, in Rom und in der modernen Zivilisation. Insofern die Frau ihre Mitgift oder ihren Erbanteil erhält, erscheint sie als eine juristische Person. Aber Mitgift und Erbe unterstellen sie noch der Familie. Lange Zeit hindurch wurden die Verträge zwischen Schwiegervater und Schwiegersohn, und nicht zwischen Frau und Mann abgeschlossen. Nur die Witwe genoß damals eine wirtschaftliche Selbständigkeit. Daher rührt der besondere Charakter der jungen Witwe in der erotischen Literatur. Die freie Gattenwahl des Mädchens war immer eingeengt, und die Ehelosigkeit erniedrigt sie – abgesehen von Ausnahmefällen, in denen diese einen sakralen Charakter besitzt – zu dem Rang eines Schmarotzers und einer Paria. Die Ehe ist der einzige Broterwerb und die einzige soziale Rechtfertigung ihres Daseins. Sie wird ihr aus zweierlei Gründen auferlegt: Sie soll der Gemeinschatt Kinder schenken. Die Falle sind jedoch selten, in denen der Staat – wie in Sparta, ein wenig auch unter dem Nazi-Regime – Sie unmittelbar in seinen Schutz nimmt und von ihr nichits weiter als die Mutterschaft verlangt. Selbst die Zivilisationen, welche die Erzeugerrolle des Vaters nicht kennen, fordern, daß sie unter dem Schutz eines Gatten steht. Außerdem hat sie die Funktion, die sexuellen Bedürtnlsse eines Mannes zu befriedigen und seinen Hausstand zu besorgen. Die Last, die ihr die Gesellschaft auferlegt, wird als ein Dienst angesehen, der dem Gatten erwiesen wird, Er schuldet daher seiner Gatin auch Geschenke oder ein Leibgedinge und verpfichtet sich zu ihrem Unterhalt. Die Gesellschaft bedient sich seiner Vermittlung, um ihren Verpflichtungen gegenüber der Frau zu genügen, die sie ihm anvertraut.

65 Die Rechte, welche die Gattin durch die Erfüllung ihrer Pflichten erwirbt, drücken sich in den Verpflichtungen aus, denen sich der Mann unterwoten sieht. Er kann nicht nach Laune das Eheband zerreißen. Verstoßung und Scheidung können nur durch ein öfentich-rechtiches Uteil erlangt werden, und manchmal schuldet der Gatte dann eine geldliche Entschädigung. […]

Wenn die Frau sich verheiratet, erhält sie ein kleines Stückchen der Welt mit in die Ehe.
70 Gesetzliche Sicherheiten schützen sie gegen die Launen des Mannes, aber sie wird ihm hörig. Wirtschaftlich ist er das Haupt der Gemeinschat, und infoigedessen verkörpert er sie in den Augen der Gesellschaft. Sie nimmt seinen Namen an, nimmt an seiner Religionsgemeinschaft teil, gliedert sich seiner Klasse, seinem Milieu ein. Sie gehört zu seiner Familie, wird zu seiner „Ehehälfte". Sie folgt ihm nach, wohin ihn seine Arbeit ruft: Der Wohnort der Familie richtet
75 sich im wesentlichen nach seiner Arbeitsstelle. Sie bricht mehr oder weniger gewaltsam mit ihrer Vergangenheit und wird der Welt ihres Gatten einverleibt. Sie schenkt ihm ihre Person, sie schuldet ihm ihre Jungfernschaft und eine unverbrüchliche Treue. Sie veriert einen Teil ihrer Rechte, die das Gesetz der Unverheirateten zuerkennt. […]

Da er produktiv tätig ist, überschreitet er das Familieninteresse in Richtung auf die Gesellschaft
80 und eröffnet der Familie eine Zukuntt, indem er an der Errichtung der Zukunft der Gesamtheit mitarbeitet. Er verkörpert die Transzendenz. Die Frau bleibt der Erhaltung der Gattung und der Pflege des Haushalts vorbehalten, das heißt der Immanenz. In Wirklichkeit ist jede menschliche Existenz Transzendenz und Immanenz zugleich. Damit sie sich überschreitet, muß sie sich bewähren; damit sie die Zukunt ergreifen kann, muß sie in der Vergangenheit wurzeln; und bei
85 aller Wechselwirkung mit dem Andern in sich selbst beharren. Diese beiden Momente sind in jeder lebendigen Bewegung enthalten. Dem *Mann* gestattet die Ehe gerade deren glückliche Synthese. In seinem Beruf, in seinem politischen Leben lernt er Änderung, Fortschritt kennen, er kann sich in Zeit und Raum ausströmen, und wenn er dieses Schweifens müde ist, gründet er einen Herd, setzt sich fest, verankert sich in der Welt. Abends findet er Sammlung in seinem
90 Heim, in dem die Frau über Möbel und Kinder, über die Vergangenheit, die sie speichert, wacht. Sie selbst hat aber keine andere Aufgabe, als das Leben in seiner reinen Allgemeinheit

zu bewahren und zu unterhalten. Sie pflanzt die unveränderliche Gattung fort, sie sichert den Gleichklang der Tage und den Bestand der Häuslichkeit, deren verschlossene Türen sie bewacht. Man erlaubt ihr kein unmittelbares Eingreifen in die Zukunft oder in die Welt. Sie überschreitet sich nach der Allgemeinheit hin nur über ihren Gatten als Vermittler. 95

Vokabeln:

1. *der Paria*: Rechtloser, Ausgestoßener
2. *die Immanenz*: das Eingeschlossensein in einen Bereich
3. *die Tanszendenz*: außerhalb des Bereiches möglicher Erfahrung

Arbeitsaufgaben:

1. Wie sieht die Autorin das Verhältnis zwischen Mann und Frau in Vergangenheit und Gegenwart?
2. Worin liegen die Gründe für dieses Verhältnis?
3. Wie verstehen Sie diesen Satz: „Wenn die Frau sich verheiratet, erhält sie ein kleines Stückchen der Welt mit in die Ehe"?
4. Wie interpretieren Sie den Satz: „In Wirklichkeit ist jede menschliche Existenz Transzendenz und Immanenz zugleich"?
5. Was kritisiert die Autorin?

Zusatztext 2

Liebe[①]

Esther Vilar

Der Mann wird von der Frau so dressiert, daß er ohne sie nicht leben kann und deshalb alles tut, was sie von ihm verlangt. Er kämpft um sein Leben und nennt das Liebe. Es gibt Männer, die drohen ihrer Angebeteten mit Selbstmord, wenn sie nicht erhört werden. Das ist für sie kein Risiko: Sie haben nichts zu verlieren.

5   Aber auch die Frau kann ohne den Mann nicht existieren, sie ist für sich allein so lebensuntüchtig wie eine Bienenkönigin. Auch sie kämpft um ihr Leben, und auch sie nennt das Liebe. – Einer braucht den anderen, und es sieht so aus, als gäbe es doch wenigstens ein gemeinsames Gefühl zwischen ihnen. Aber die Ursachen und das Wesen dieses Gefühls und ihre Konsequenzen sind für Mann und Frau völlig verschieden.

10 Für die Frau bedeutet Liebe Macht, für den Mann Unterwerfung. Für die Frau ist Liebe ein Vorwand für kommerzielle Ausbeutung, für den Mann ein emotionsgetränktes Alibi für seine Sklavenexistenz. „Aus Liebe" tut die Frau Dinge, die ihr nützen, der Mann solche, die ihm schaden. Die Frau arbeitet „aus Liebe" nicht mehr, wenn sie heiratet; der Mann arbeitet, wenn er heiratet, „aus Liebe" für zwei. Die Liebe ist für beide Teile ein Kampf ums Überleben.

15 Aber der eine überlebt nur durch Sieg, der andere nur durch Niederlage. Es ist eine Ironie, daß die Frauen auch ihre größeren Gewinne im Augenblick ihrer größten Passivität ernten und daß ihnen das Wort „Liebe" auch bei ihrem erbarmungslosesten Betrug am Mann den Glorienschein der Selbstlosigkeit gibt.

Der Mann vernebelt sich mit „Liebe" seinen feigen Selbstbetrug und macht sich glauben, seine
20 sinnlose Sklaverei für die Frau und deren Geiseln sei ehrenhaft und habe einen höheren Sinn.

---

① Auszug aus *Der dressierte Mann*.

Er ist zufrieden mit seiner Rolle, als Sklave ist er am Ziel seiner Wünsche. Und weil die Frau ohnehin nur Vorteile aus diesem System zieht, wird sich nichts ändern; das System zwingt sie zwar zur Korruption, aber niemand findet etwas dabei. Man darf von einer Frau nichts anderes erwarten als *Liebe*, solange sie damit alles andere eintauschen kann. Und den zum Sklaven dressierten Mann werden seine Anstrengungen immer nur im Sinn der Dressur weiterbringen, nie zu seinem Vorteil. Er wird immer noch mehr leisten, und je mehr er leistet, desto weiter wird die Frau sich von ihm entfernen. Je mehr er sich ihr anbiedert, desto anspruchsvoller wird sie werden. Je mehr er sie begehrt, desto weniger wird er selbst für sie begehrenswert sein. Je mehr er sie mit Komfort umgibt, desto bequemer, desto dümmer, desto unmenschlicher wird sie werden, und desto einsamer er selbst.

Nur die Frauen könnten den Teufelskreis von Dressur und Ausbeutung brechen. Sie werden es nicht tun, es gibt dafür keinen rationalen Grund. Auf ihre Gefühle darf man schon gar nicht hoffen –, Frauen sind gefühlskalt und ohne jedes Mitleid. Die Welt wird also immer weiter in diesem Kitsch, in dieser Barbarei, in diesem Schwachsinn *Weiblichkeit* versinken, und die Männer, diese wunderbaren Träumer, werden niemals aus ihren Träumen erwachen.

Vokabeln:

1. *dressieren*: jmdn. durch Disziplinierung zu einer bestimmten Verhaltensweise bringen
2. *die oder der Angebetete*: Verehrte, Verehrter
3. *anbiedern*: sich plumpe Vertraulichkeit anmaßen

Arbeitsaufgaben:

1. Nach Angabe der Autorin hat sie ihr Buch bewusst provozierend geschrieben, „damit die Leute – Männer und Frauen – zur Diskussion und zum Widerspruch herausgefordert werden." Nehmen Sie dazu Stellung.
2. Inwiefern betrachten Sie das Buch als eine Streitschrift?

Lektion 5

Haupttext

Der Mann und die Frau und das Kind

Ernst Schnabel

Die Leute bei uns in Memphis haben gesagt, das käme vor und hätte nichts auf sich. Auch der Bäcker von nebenan hat damals nur gelacht und gesagt, wenn das so weitergehe, dann stießen sie eines Nachts noch zusammen, aber er ist wenigstens dann und wann mit auf die Straße herausgekommen und hat hinaufgeschaut. Sonst sind wir nur wenige gewesen, die aufgepaßt haben, und nur Tobias, der unten am Fluß die Ziegen hat, hat gewußt, daß es etwas bedeutete.

5

Was? hab ich gefragt. Etwas Schlechtes?

Das konnte er nicht sagen.

Und ich hatte es zuerst entdeckt, auf der Straße. Ich ging so, und es war dunkel. Wie ich im Dunkeln ging, dachte ich plötzlich: was ist da Helles in der Luft? Aber wie ich hinaufsah, standen da nur Sterne. Im Norden waren drei helle, die standen dicht beieinander, nicht allzu dicht, eine Handbreit jeder vom andern entfernt, aber von ihnen kam der Schein. Es war nichts Besonderes, drei Sterne beieinander, und ich vergaß es bald.

10

Das war im August.

Aber im Oktober hat Tobias es mir gezeigt, und beinahe erschrak ich, denn die drei Sterne, die ich im August gesehen hatte, waren jetzt keine Handbreit mehr voneinander entfernt. Man konnte höchstens noch einen Finger zwischen sie legen. Tobias sagte, sie schöben sich immer

15

mehr zueinander hin; er schaue ihnen nun schon eine ganze Woche zu.

Im November dann haben es alle gesehen.

Aber der Bäcker hat nicht recht gehabt; sie sind nicht zusammengestoßen, und ich glaube auch nicht, daß Tobias recht hatte. Es ist nichts geschehen, also hatten die Sterne nichts zu bedeuten – nur, daß die Flüchtlinge gleich danach kamen; mehr ist nicht passiert, und das hat nichts mit den Sternen zu tun.

Zuerst kamen die aus Syene. Sie hatten alles verloren, als das Hochwasser war, ihre Häuser und Felder und ihr Hab und Gut. Jetzt gehen sie in Lumpen und essen aus abgeschnittenen Blechbüchsen, die rostig und verbeult sind.

Dann kamen die aus Libyen, gleich danach, zwanzig vielleicht, fast alles Frauen. Und dann kamen die Armenier, ein ganzer Trupp.

Bei uns in Memphis heißt es: Wenn einer flieht, flieht er nach Memphis. Das heißt, bei uns im Armenviertel sagen wir so. Die Leute in der Stadt drinnen, die nichts mit dem Armenviertel zu tun haben, merken es nicht, wenn Flüchtlinge kommen. Aber wir merken es, denn sie ziehen alle zu uns. Diesmal auch. Die aus Syene haben noch Platz gefunden, sie sind in die Lehmhütten am Fluß gezogen. Auch die Libyer trafen es noch ganz gut. Aber die Armenier wohnen in Erdlöchern, und die zuletzt kamen, vier Tage nach den Armeniern und ganz für sich, der Mann, die Frau und das Kind, hausen in dem abgebrannten Schuppen gleich neben uns.

Wir sind schon viele hier im Armenviertel und haben selbst nichts, da freut sich keiner, wenn welche kommen. Sie nehmen uns den Platz und das Essen weg und die Arbeit auch. Unser Bäcker war aufgeregt, als sie kamen, er ist von einem zum andern gelaufen und hat sie ausgefragt, so gut es ging. Die meisten sprechen ja eine fremde Sprache und verstehen kein Wort. Er hat sich erst beruhigt, als er erfuhr, daß kein Bäcker unter ihnen war, denn er hat Angst um sein Geschäft und fürchtet, daß wir nicht mehr bei ihm kaufen, wenn noch ein anderer Bäcker bei uns im Armenviertel aufmacht.

Es ist wirklich, als kämen alle, die nicht wissen wohin, zu uns nach Memphis, wo wir so viele sind. Seht die Armenier an! Sie haben erzählt, daß sie ein ganzes Jahr unterwegs waren, nachdem die Türken sie aus ihrem Dorf vertrieben hatten. Ein ganzes Jahr – um nach Memphis zu kommen! Jetzt hocken sie in ihren Erdhöhlen und ziehen nicht weiter, und wie viele Städte gab es unterwegs, wo sie hätten bleiben können, und vielleicht besser als bei uns!

Auch der Mann und die Frau und das Kind, die zuletzt kamen ... Ich habe sie kommen sehen. Ich war gerade bei Tobias unten am Fluß, da sahen wir ganz in der Ferne, auf der anderen Seite, wo die Wüste bis ans Ufer heranreicht, eine winzige Staubwolke.

50 Es sind Reiter, sagte Tobias.

Wir waren beim Mittagessen. Als sie aber näher kamen und die Staubwolke doch nicht größer wurde, war Tobias nicht mehr so sicher, daß es Reiter seien, und wie sie dann am Flußufer standen und nicht wußten, wie sie herüberkommen sollten, hatten sie gar keine Pferde, sondern nur ein einziges Maultier. Darauf saß die Frau mit dem Kind. Der Mann ging zu Fuß nebenher.

55 Sie wußten nicht, wie sie herüberkommen sollten, und bald wurde es dunkel; daß es aber weiter oben eine Fähre gibt, war ihnen nicht bekannt. Zurufen konnten wir es ihnen nicht, dazu ist der Fluß zu breit.

Am andern Morgen waren sie trotzdem in der Stadt; wer weiß, wie sie über den Fluß gekommen sind. Vielleicht haben sie die Fähre im Dunkeln noch gefunden.

60 Ihr seht, alle kommen zu uns, und wir müssen immer enger zusammenrücken. Als die aus Syene kamen, habe ich gedacht: Was haben sie für Sitten! Essen aus Blechbüchsen ... Aber sie haben alle nichts Besseres aufs Feuer zu stellen, das sah ich, als die anderen kamen, und die waren aus ganz anderen Ländern. Alle haben diese Blechnäpfe, die man auf jedem Schutthaufen finden kann, und zerfetzte Hemden und zerrissene Hosen auf dem Leib, und die

65 Frauen haben ausgefranste Röcke, und sie sind mager und grau im Gesicht und reden nicht viel. Sie sind alle gleich. Das hat nichts mit Sitte zu tun. Seit einer Woche wissen wir auch, daß manche von ihnen stehlen. Es hat damit angefangen, daß aus dem Laden des Bäckers Brot verschwand. Am letzten Donnerstag in der Frühe ist ihm dann sein ganzer Backofen ausgeräumt worden, während er auf einen Sprung über die Straße gegangen war. Das Brot war

70 noch nicht einmal zehn Minuten lang im Ofen gewesen, hat er gesagt, der rohe Teig noch. Aber sie haben Hunger. Danach ist Holz gestohlen worden und Wäsche von den Leinen und eine Decke und ein Mantel. Sie frieren. Es kommen aber auch Sachen weg, die sie nicht brauchen. Uhren, Bilder von den Wänden, Damenhüte mit Federn obenauf. Manches davon findet sich nach einiger Zeit im Leihhaus wieder, denn sie versetzen es, um zu Geld zu kommen.

Aber manches verschwindet für immer, zum Beispiel der Federhut von der Lehrerin. Er ist nicht wieder aufgetaucht. Vielleicht gab es in Syene früher einmal einen ähnlichen Federhut, der beim Hochwasser verlorenging und gerade das ist, was die Frau, der er gehörte, nicht vergessen kann.

Das kommt so mit dem Elend, bei allen Menschen; es dauert nur ein paar Tage, bis du so weit bist. Wenn du fliehen mußt und nichts mitnehmen kannst und Hunger hast, dann dauert es nicht lange, bis du abgerissen und grau wirst und das Licht scheust, weil die Leute auf der Straße sich nach dir umdrehen, und im Dunkeln gehst und vielleicht stiehlst. So weit kann man nicht fliehen, daß man dem entgeht. Zuletzt findest du auch den Mut zum Stehlen nicht mehr, sondern streichst durch die Stadt, wo die Leute wohnen, die mit uns im Armenviertel nichts zu tun haben und diese großen Abfallkübel vor die Häuser stellen, und du gehst hin und hebst den Dekkel ab und schaust nach, ob du etwas darin findest, eine Brotkante oder Kartoffelschalen oder eine Rübe, die angefault ist und deshalb weggeworfen wurde, etwas zu essen. Tagsüber scheust du dich, da sehen es alle, aber wenn es dunkel wird, dann kannst du es hören, wenn es still ist. Dann hörst du, wie die Deckel von den Abfallkübeln geschoben werden. Überall in der Stadt ist es zu hören, jede Nacht, seit die Flüchtlinge gekommen sind. Es klirrt hohl und blechern in die Stille. Vorgestern habe ich den Mann gesehen, der mit der Frau und dem Kind zuletzt gekommen ist. Er tut es auch. Er kaute, während er den Kübel durchsuchte, und in der Hand hatte er einen kleinen Sack. Darein sammelte er, was er mit in den Schuppen nehmen wollte. Soweit kann es kommen.

Zuerst habe ich gedacht, der Mann wäre auch aus Armenien geflohen, weil er bald nach den Armeniern kam und aus derselben Richtung wie sie, von der anderen Seite des Flusses her. Aber gestern sprach mein Vater mit ihm, und wie ich sie stehen und miteinander reden sah, wußte ich gleich, er ist anderswo her, denn mein Vater kann nicht Armenisch, obgleich er sonst mehrere Sprachen versteht, weil er einige Zeit Seemann war. Er hat den Mann mit nach Hause genommen und ihm eine alte Decke geschenkt. Die wollte der Mann über den Schuppen spannen, damit sie ein Dach über dem Kopf hätten, und ein Stück davon wollte er der Frau geben, für das Kind.

Ich wollte mit ihnen ins Haus gehen, aber mein Vater schickte mich wieder hinaus. Sie hatten miteinander zu sprechen. Lange Zeit haben sie hin und her geredet, und ich hörte es durchs offene Fenster bis auf die Straße heraus. Als es dann dunkel war, bin ich hineingegangen. Sie redeten nicht mehr, sondern saßen schweigend am Tisch und hatten kein Licht gemacht. Da fragte ich meinen Vater:

Woher ist der Mann?

Unterbrich uns nicht, sagte mein Vater mürrisch.

Als sie weiter schwiegen, fragte ich noch einmal:

Hat er dir nicht gesagt, woher er ist?

Mein Vater deutete mit dem Daumen nach dem Fluß hin:

Von drüben.

Und weshalb sind sie geflohen?

Der König hat sie verfolgt.

Welcher König?

Herodes oder so ...

Mein Vater antwortete mir, wenn auch einsilbig, und so ging ich an den Tisch und stellte mich zwischen ihn und den Mann, der still dasaß und den Kopf hängen ließ.

Da mußten sie fliehen?

Ja. Er hat Soldaten hinter ihnen hergeschickt, aber die haben sie nicht mehr eingeholt. Der Mann ist einen Tag vor den Soldaten aufgebrochen.

Was wollten die Soldaten von ihnen?

Das Kind wegnehmen.

Wie alt ist das Kind?

Vier Monate jetzt.

Ich rechnete zurück: es war zur Welt gekommen, als das mit den Sternen passiert war. Eigentlich hatte man gar nicht erkennen können, daß sie sich bewegten. Wenn man jeden Abend hinaufschaute, war es, als stünden sie überhaupt still, aber ließ man eine Woche oder zwei vergehen und ging dann plötzlich auf die Straße, dann merkte man es: sie waren weitergewandert, einer zum andern hin, und die anderen Sterne in ihrer Nähe fingen an zu verblassen, so hell schienen sie. Als sie nur noch ein ganz winziges Dreieck bildeten, sagte der

Bäcker, es käme noch dazu, daß sie zusammenstießen. Er lachte, aber ich lachte nicht. Weiß einer, was passiert, wenn die Sterne zusammenstoßen? Es ging mir nicht aus dem Kopf. Ich dachte nach und dachte; der Gedanke verließ mich nicht mehr. Wenn ich die drei Sterne im Norden sah, dachte ich: was soll werden?

Dann kam die eine Nacht. Die drei Sterne schmolzen zusammen und leuchteten wie ein einziger Riesenstern. Ich war bei Tobias draußen, die ganze Nacht. Es war eine stille und helle Nacht, ein Licht, heller als der Mond, fast weiß. Es ist nie wieder so hell gewesen wie in dieser Nacht, obgleich die Sterne lange Zeit brauchten, ehe sie sich wieder trennten und ganz zwischen den anderen verschwanden.

Ich fragte meinen Vater:

Dürfen die Leute dort keine Kinder haben?

Doch. Nur dieses nicht.

Und woher wußte der Mann, daß die Soldaten kommen würden?

Mein Vater ließ mich einen Augenblick warten, ehe er antwortete:

Er hat es geahnt.

Wie heißt der Mann?

Ich hab ihn nicht gefragt.

Und er will hierbleiben?

Nein, er will wieder zurück.

Aber die Soldaten!

Erst wenn Herodes tot ist, will er zurück.

Dann werden, die nach Herodes kommen, das Kind holen und umbringen!

Mein Vater erwiderte nichts.

Nachdem der Mann gegangen war, lief ich noch einmal heimlich hinaus und erzählte es Tobias, alles, was ich von dem Mann und der Frau und dem Kind erfahren hatte; auch daß ich den Mann in der Stadt gesehen hatte, in der Dämmerung bei den Abfallkübeln, erzählte ich ihm, und Tobias sagte, daß es viel besser gewesen wäre, wenn die Soldaten das Kind bekommen hätten; dann wäre ihnen das Elend erspart geblieben, und dem Kind auch – und am allerbesten, sagte Tobias, wäre es gar nicht erst zur Welt gekommen.

Auf dem Wege nach Hause kam ich an ihrem Schuppen vorbei, da hörte ich, daß das Kind weinte: aber auch die Frau weinte, ich hörte es. Ich schaute durch einen Ritz.

In der Mitte brannte eine Tranfunsel auf dem Boden. Das Maultier, das sie mitgebracht hatten, lag in der einen Ecke, mager wie es war, und in der anderen schlief der Mann auf der Erde. Die Frau saß auf einer umgestürzten Kiste. Sie kehrte mir den Rücken zu, so daß ich ihr Gesicht nicht sah. Das Kind schlief, das sie im Arm hatte. Es weinte nur noch ganz wenig. Die Frau weinte nicht, sie sang vielmehr leise; es hörte sich nur wie Weinen an. Da ging ich nach Haus.

Heute denke ich, daß Tobias sich irrt: Es wäre nicht besser gewesen, wenn die Soldaten den Mann und die Frau eingeholt hätten, auf der Flucht. Tobias hat die Frau nicht gesehen oder gehört; sie freut sich über das Kind.

Und morgen will ich meinen Vater fragen, warum der Mann und die Frau gerade dieses Kind nicht behalten sollten.

Vokabeln:

1. *Memphis*: eine altägyptische Stadt westlich des Nils
2. *Syene*: alter Name von Assuan, eine ägyptische Stadt am östlichen Ufer des Nils unterhalb des ersten Katarakts
3. *Libyen*: ein Staat in Nordafrika
4. *Armenier*: eine ethnische Gruppe, die seit etwa 3500 Jahren vorwiegend im Gebiet zwischen dem Hochland Ostanatoliens und dem Südkaukasus lebt

Arbeitsaufgaben:

1. Analysieren Sie die Satzstruktur des ersten Textabschnittes.
2. Informieren Sie sich im Lexikon oder im Internet, ob die Sterne eine symbolische oder allegorische Bedeutung haben.
3. Am Anfang des Textes ist immer wieder von Sternen und zwar von 3 Sternen die Rede. Welche Funktion hat das?

4. „und das hat nichts mit den Sternen zu tun" (Zeile 21/22) – wie ist dieser Satz zu interpretieren?
5. Warum sind die Flüchtlinge in Memphis geblieben?
6. Wo gibt der Ich-Erzähler Informationen über die Flüchtlinge?
7. Wie ist die Situation der Flüchtlinge zu charakterisieren?
8. Wie ist die Haltung der Einheimischen zu den Flüchtlingen dargestellt?
9. Welche Gedanken kommen Ihnen, wenn Sie den Satz „So weit kann man nicht fliehen, daß man dem entgeht" (Zeile 82/83) lesen?
10. Warum fällt der Ich-Erzähler in eine Du-Rede, wenn er von den Flüchtlingen erzählt?
11. In der Geschichte kommt ein Maultier vor. Was wissen Sie über das Tier? Ist es in der Geschichte ein besonderer Verweis?
12. Gegen Schluss des Textes ist wieder von den Sternen die Rede. Welche Funktion hat das?
13. Informieren Sie sich im Lexikon oder im Internet über die Geburt des von Herodes verfolgten Kindes. Fassen Sie die gefundenen Informationen mit eigenen Worten zusammen.
14. Wie deuten Sie die Kurzgeschichte, wenn Sie wissen, dass sie 1946 geschrieben wurde?
15. Was meinen Sie, inwiefern ist die Geschichte derzeit wieder aktuell?

Zusatztext 1

Die drei dunklen Könige

Wolfgang Borchert

Er tappte durch die dunkle Vorstadt. Die Häuser standen abgebrochen gegen den Himmel. Der

Mond fehlte und das Pflaster war erschrocken über den späten Schritt. Dann fand er eine alte Planke. Da trat er mit dem Fuß gegen, bis eine Latte morsch aufseufzte und losbrach. Das Holz roch mürbe und süß. Durch die dunkle Vorstadt tappte er zurück. Sterne waren nicht da.

5   Als er die Tür aufmachte (sie weinte dabei, die Tür), sahen ihm die blaßblauen Augen seiner Frau entgegen. Sie kamen aus einem müden Gesicht. Ihr Atem hing weiß im Zimmer, so kalt war es. Er beugte sein knochiges Knie und brach das Holz. Das Holz seufzte. Dann roch es mürbe und süß ringsum. Er hielt sich ein Stück davon unter die Nase. Riecht beinahe wie Kuchen, lachte er leise. Nicht, sagten die Augen der Frau, nicht lachen. Er schläft.

10 Der Mann legte das süße mürbe Holz in den kleinen Blechofen. Da glomm es auf und warf eine Handvoll warmes Licht durch das Zimmer. Die fiel hell auf ein winziges rundes Gesicht und blieb einen Augenblick. Das Gesicht war erst eine Stunde alt, aber es hatte schon alles, was dazugehört: Ohren, Nase, Mund und Augen. Die Augen mußten groß sein, das konnte man sehen, obgleich sie zu waren. Aber der Mund war offen und es pustete leise daraus. Nase und

15 Ohren waren rot. Er lebt, dachte die Mutter. Und das kleine Gesicht schlief.

Da sind noch Haferflocken, sagte der Mann. Ja, antwortete die Frau, das ist gut. Es ist kalt.

Der Mann nahm noch von dem süßen weichen Holz. Nun hat sie ihr Kind gekriegt und muß frieren, dachte er. Aber er hatte keinen, dem er dafür die Fäuste ins Gesicht schlagen konnte. Als er die Ofentür aufmachte, fiel wieder eine Handvoll Licht über das schlafende Gesicht.

20 Die Frau sagte leise: Kuck, wie ein Heiligenschein, siehst du? Heiligenschein! dachte er und er hatte keinen, dem er die Fäuste ins Gesicht schlagen konnte.

Dann waren welche an der Tür. Wir sahen das Licht, sagten sie, vom Fenster. Wir wollen uns zehn Minuten hinsetzen.

Aber wir haben ein Kind, sagte der Mann zu ihnen. Da sagten sie nichts weiter, aber sie kamen

25 doch ins Zimmer, stießen Nebel aus den Nasen und hoben die Füße hoch. Wir sind ganz leise, flüsterten sie und hoben die Füße hoch. Dann fiel das Licht auf sie.

Drei waren es. In drei alten Uniformen. Einer hatte einen Pappkarton, einer einen Sack. Und der dritte hatte keine Hände. Erfroren, sagte er, und hielt die Stümpfe hoch. Dann drehte er dem Mann die Manteltasche hin. Tabak war darin und dünnes Papier. Sie drehten Zigaretten.

30 Aber die Frau sagte: Nicht, das Kind.

Da gingen die vier vor die Tür und ihre Zigaretten waren vier Punkte in der Nacht. Der eine hatte dicke umwickelte Füße. Er nahm ein Stück Holz aus seinem Sack. Ein Esel, sagte er, ich habe sieben Monate daran geschnitzt. Für das Kind. Das sagte er und gab es dem Mann. Was ist mit den Füßen? fragte der Mann. Wasser, sagte der Eselschnitzer, vom Hunger. Und der andere, der dritte? fragte der Mann und befühlte im Dunkeln den Esel. Der dritte zitterte in seiner Uniform: Oh, nichts, wisperte er, das sind nur die Nerven. Man hat eben zuviel Angst gehabt. Dann traten sie die Zigaretten aus und gingen wieder hinein.

Sie hoben die Füße hoch und sahen auf das kleine schlafende Gesicht. Der Zitternde nahm aus seinem Pappkarton zwei gelbe Bonbons und sagte dazu: Für die Frau sind die.

Die Frau machte die blassen blauen Augen weit auf, als sie die drei Dunklen über das Kind gebeugt sah. Sie fürchtete sich. Aber da stemmte das Kind seine Beine gegen ihre Brust und schrie so kräftig, daß die drei Dunklen die Füße aufhoben und zur Tür schlichen. Hier nickten sie nochmal, dann stiegen sie in die Nacht hinein.

Der Mann sah ihnen nach. Sonderbare Heilige, sagte er zu seiner Frau. Dann machte er die Tür zu. Schöne Heilige sind das, brummte er und sah nach den Haferflocken. Aber er hatte kein Gesicht für seine Fäuste.

Aber das Kind hat geschrien, flüsterte die Frau, ganz stark hat es geschrien. Da sind sie gegangen. Kuck mal, wie lebendig es ist, sagte sie stolz. Das Gesicht machte den Mund auf und schrie.

Weint er? fragte der Mann.

Nein, ich glaube, er lacht, antwortete die Frau.

Beinahe wie Kuchen, sagte der Mann und roch an dem Holz, wie Kuchen. Ganz süß.

Heute ist ja auch Weihnachten, sagte die Frau.

Ja, Weihnachten, brummte er und vom Ofen her fiel eine Handvoll Licht hell auf das kleine schlafende Gesicht.

Vokabeln:

1. *die Planke*: Stück aus einer Holzwand

2. *der Stumpf hier*: Arm ohne die Hand

Arbeitsaufgaben:

1. Warum heißt die Geschichte „Die drei dunklen Könige"? Informieren Sie sich über die Heiligen Drei Könige der christlichen Legende dazu.
2. Beschreiben Sie die Wirkung der Geschichte auf Sie!
3. Welche Krankheiten und Gebrechen haben die drei dunklen Gestalten?
4. An welchen Stellen der Geschichte wird die geschilderte Dunkelheit durchbrochen?
5. Was meinen Sie, inwiefern haben der Haupttext und der Zusatztext 1 eine gewisse Beziehung zueinander?

Zusatztext 2

Gedanken über die Dauer des Exils

Bertolt Brecht

I

Schlage keinen Nagel in die Wand
Wirf den Rock auf den Stuhl.
Warum vorsorgen für vier Tage?
5   Du kehrst morgen zurück.
Laß den kleinen Baum ohne Wasser!
Wozu noch einen Baum pflanzen?
Bevor er so hoch wie eine Stufe ist
Gehst du froh weg von hier.

Zieh die Mütze ins Gesicht, wenn Leute vorbeigehn!

Wozu in einer fremden Grammatik blättern?

Die Nachricht, die dich heimruft

Ist in bekannter Sprache geschrieben.

So wie der Kalk vom Gebälk blättert

(Tue nichts dagegen!)

Wird der Zaun der Gewalt zermorschen

Der an der Grenze aufgerichtet ist

Gegen die Gerechtigkeit.

II

Sieh den Nagel in der Wand, den du eingeschlagen hast:

Wann glaubst du, wirst du zurückkehren?

Willst du wissen, was du im Innersten glaubst?

Tag um Tag

Arbeitest du an der Befreiung

Sitzend in der Kammer schreibst du.

Willst du wissen, was du von deiner Arbeit hältst?

Sieh den kleinen Kastanienbaum im Eck des Hofes

Zu dem du die Kanne voll Wasser schlepptest!

Vokabeln:

1. *das Gebälk*: sämtliche Balken eines Bauwerkes
2. *einschlagen*: etw. in etw. schlagen

Arbeitsaufgaben:

1. Informieren Sie sich darüber, warum Brecht im Exil leben mußte?
2. Was bedeutet es, dass er keinen Nagel in die Wand schlagen soll?
3. Erstellen Sie eine Prosafassung des Gedichtes!

Lektion 6

Haupttext

Spaghetti für zwei

Federica de Cesco

Heinz war bald vierzehn und fühlte sich sehr cool. In der Klasse und auf dem Fußballplatz hatte er das Sagen. Aber richtig schön würde das Leben erst werden, wenn er im nächsten Jahr seinen Töff bekam und den Mädchen zeigen konnte, was für ein Kerl er war. Er mochte Monika, die Blonde mit den langen Haaren aus der Parallelklasse, und ärgerte sich über seine
5 entzündeten Pickel, die er mit schmutzigen Nägeln ausdrückte. Im Unterricht machte er gerne auf Verweigerung. Die Lehrer sollten bloß nicht auf den Gedanken kommen, daß er sich anstrengte.

Mittags konnte er nicht nach Hause, weil der eine Bus zu früh, der andere zu spät abfuhr. So aß er im Selbstbedienungsrestaurant, gleich gegenüber der Schule. Aber an manchen Tagen sparte
10 er lieber das Geld und verschlang einen Hamburger an der Stehbar. Samstags leistete er sich dann eine neue Kassette, was die Mutter natürlich nicht wissen durfte. Doch manchmal – so wie heute - hing ihm der Big Mac zum Hals heraus. Er hatte Lust auf ein richtiges Essen. Einen Kaugummi im Mund, stapfte er mit seinen Cowboystiefeln die Treppe zum Restaurant hinauf. Die Reißverschlüsse seiner Lederjacke klimperten bei jedem Schritt. Im Restaurant trafen sich
15 Arbeiter aus der nahen Möbelfabrik, Schüler und Hausfrauen mit Einkaufstaschen und kleinen Kindern, die Unmengen Cola tranken, Pommes frites verzehrten und fettige Fingerabdrücke

auf den Tischen hinterließen.

Viel Geld wollte Heinz nicht ausgeben; er sparte es lieber für die nächste Kassette. „Italienische Gemüsesuppe" stand im Menü. Warum nicht? Immer noch seinen Kaugummi mahlend, nahm Heinz ein Tablett und stellte sich an. Ein schwitzendes Fräulein schöpfte die Suppe aus einem dampfenden Topf. Heinz nickte zufrieden. Der Teller war ganz ordentlich voll. Eine Schnitte Brot dazu, und er würde bestimmt satt. Er setzte sich an einen freien Tisch, nahm den Kaugummi aus dem Mund und klebte ihn unter den Stuhl. Da merkte er, daß er den Löffel vergessen hatte. Heinz stand auf und holte sich einen. Als er zu seinem Tisch zurückstapfte, traute er seinen Augen nicht: Ein Schwarzer saß an seinem Platz und aß seelenruhig seine Gemüsesuppe!

Heinz stand mit seinem Löffel fassungslos da, bis ihn die Wut packte. Zum Teufel mit diesen Asylbewerbern! Der kam irgendwo aus Uagadugu, wollte sich in der Schweiz breitmachen, und jetzt fiel ihm nichts Besseres ein, als ausgerechnet seine Gemüsesuppe zu verzehren! Schon möglich, daß sowas den afrikanischen Sitten entsprach, aber hierzulande war das eine bodenlose Unverschämtheit! Heinz öffnete den Mund, um dem Menschen lautstark seine Meinung zu sagen, als ihm auffiel, daß die Leute ihn komisch ansahen. Heinz wurde rot. Er wollte nicht als Rassist gelten. Aber was nun?

Plötzlich faßte er einen Entschluß. Er räusperte sich vernehmlich, zog einen Stuhl zurück und setzte sich dem Schwarzen gegenüber. Dieser hob den Kopf, blickte ihn kurz an und schlürfte ungestört die Suppe weiter. Heinz preßte die Zähne zusammen, daß seine Kinnbacken schmerzten. Dann packte er energisch den Löffel, beugte sich über den Tisch und tauchte ihn in die Suppe. Der Schwarze hob abermals den Kopf. Sekundenlang starrten sie sich an. Heinz bemühte sich, die Augen nicht zu senken. Er führte mit leicht zitternder Hand den Löffel zum Mund und tauchte ihn zum zweiten Mal in die Suppe. Seinen vollen Löffel in der Hand, fuhr der Schwarze fort, ihn stumm zu betrachten. Dann senkte er die Augen auf seinen Teller und aß weiter. Eine Weile verging. Beide teilten sich die Suppe, ohne daß ein Wort fiel. Heinz versuchte nachzudenken. „Vielleicht hat der Mensch kein Geld, muß schon tagelang hungern. Dann sah er die Suppe da stehen und bediente sich einfach. Schon möglich, wer weiß? Vielleicht würde ich mit leerem Magen ähnlich reagieren? Und Deutsch kann er anscheinend auch nicht, sonst würde er da nicht sitzen wie ein Klotz. Ist doch peinlich. Ich an seiner Stelle würde mich schämen. Ob Schwarze wohl rot werden können?"

Das leichte Klirren des Löffels, den der Afrikaner in den leeren Teller legte, ließ Heinz die Augen heben. Der Schwarze hatte sich zurückgelehnt und sah ihn an. Heinz konnte seinen

50 Blick nicht deuten. In seiner Verwirrung lehnte er sich ebenfalls zurück. Schweißtropfen perlten auf seiner Oberlippe, sein Pulli juckte, und die Lederjacke war verdammt heiß! Er versuchte, den Schwarzen abzuschätzen. „Junger Kerl. Etwas älter als ich. Vielleicht sechzehn oder sogar schon achtzehn. Normal angezogen: Jeans, Pulli, Windjacke. Sieht eigentlich nicht wie ein Obdachloser aus. Immerhin, der hat meine halbe Suppe aufgegessen und sagt nicht

55 einmal danke! Verdammt, ich habe noch Hunger!"

Der Schwarze stand auf. Heinz blieb der Mund offen. „Haut der tatsächlich ab? Jetzt ist aber das Maß voll! So eine Frechheit! Der soll mir wenigstens die halbe Gemüsesuppe bezahlen!"
Er wollte aufspringen und Krach schlagen. Da sah er, wie sich der Schwarze mit einem Tablett in der Hand wieder anstellte. Heinz fiel unsanft auf seinen Stuhl zurück und saß da wie ein

60 Ölgötze. „Also doch: Der Mensch hat Geld! Aber bildet der sich vielleicht ein, daß ich ihm den zweiten Gang bezahle?"

Heinz griff hastig nach seiner Schulmappe. „Bloß weg von hier, bevor er mich zur Kasse bittet! Aber nein, sicherlich nicht. Oder doch?"

Heinz ließ die Mappe los und kratzte nervös an einem Pickel. Irgendwie wollte er wissen, wie

65 es weiterging. Der Schwarze hatte einen Tagesteller bestellt, jetzt stand er vor der Kasse und - wahrhaftig - er bezahlte! Heinz schniefte. „Verrückt!" dachte er. „Total gesponnen!"

Da kam der Schwarze zurück. Er trug das Tablett, auf dem ein großer Teller Spaghetti stand, mit Tomatensauce, vier Fleischbällchen und zwei Gabeln. Immer noch stumm, setzte er sich Heinz gegenüber, schob den Teller in die Mitte des Tisches, nahm eine Gabel und begann zu

70 essen, wobei er Heinz ausdruckslos in die Augen schaute. Heinz' Wimpern flatterten. Heiliger Strohsack! Dieser Typ forderte ihn tatsächlich auf, die Spaghetti mit ihm zu teilen! Heinz brach der Schweiß aus. Was nun? Sollte er essen? Nicht essen? Seine Gedanken überstürzten sich. Wenn der Mensch doch wenigstens reden würde! „Na gut. Er aß die Hälfte meiner Suppe, jetzt esse ich die Hälfte seiner Spaghetti, dann sind wir quitt!" Wütend und beschämt griff

Heinz nach der Gabel, rollte die Spaghetti auf und steckte sie in den Mund. Schweigen. Beide verschlangen die Spaghetti. „Eigentlich nett von ihm, daß er mir eine Gabel brachte", dachte Heinz. „Da komme ich noch zu einem guten Spaghettiessen, das ich mir heute nicht geleistet hätte. Aber was soll ich jetzt sagen? Danke? Saublöde! Einen Vorwurf machen kann ich ihm auch nicht mehr. Vielleicht hat er gar nicht gemerkt, daß er meine Suppe aß. Oder vielleicht ist es üblich in Afrika, sich das Essen zu teilen? Schmecken gut, die Spaghetti. Das Fleisch auch. Wenn ich nur nicht so schwitzen würde!" Die Portion war sehr reichlich. Bald hatte Heinz keinen Hunger mehr. Dem Schwarzen ging es ebenso. Er legte die Gabel aufs Tablett und putzte sich mit der Papierserviette den Mund ab. Heinz räusperte sich und scharrte mit den Füßen. Der Schwarze lehnte sich zurück, schob die Daumen in die Jeanstaschen und sah ihn an. Undurchdringlich. Heinz kratzte sich unter dem Rollkragen, bis ihm die Haut schmerzte. „Heiliger Bimbam! Wenn ich nur wüßte, was er denkt!" Verwirrt, schwitzend und erbost ließ er seine Blicke umherwandern. Plötzlich spürte er ein Kribbeln im Nacken. Ein Schauer jagte ihm über die Wirbelsäule von den Ohren bis ans Gesäß. Auf dem Nebentisch, an den sich bisher niemand gesetzt hatte, stand – einsam auf dem Tablett – ein Teller kalter Gemüsesuppe. Heinz erlebte den peinlichsten Augenblick seines Lebens. Am liebsten hätte er sich in ein Mauseloch verkrochen. Es vergingen zehn volle Sekunden, bis er es endlich wagte, dem Schwarzen ins Gesicht zu sehen. Der saß da, völlig entspannt und cooler, als Heinz es je sein würde, und wippte leicht mit dem Stuhl hin und her.

„Ah ...", stammelte Heinz, feuerrot im Gesicht. „Entschuldigen Sie bitte. Ich ..." Er sah die Pupillen des Schwarzen aufblitzen, sah den Schalk in seinen Augen schimmern. Auf einmal warf er den Kopf zurück, brach in dröhnendes Gelächter aus. Zuerst brachte Heinz nur ein verschämtes Glucksen zustande, bis endlich der Bann gebrochen war und er aus vollem Halse in das Gelächter des Afrikaners einstimmte. Eine Weile saßen sie da, von Lachen geschüttelt. Dann stand der Schwarze auf, schlug Heinz auf die Schulter.

„Ich heiße Marcel", sagte er in bestem Deutsch. „Ich esse jeden Tag hier. Sehe ich dich morgen wieder? Um die gleiche Zeit?" Heinz' Augen tränten, sein Zwerchfell glühte, und er schnappte nach Luft. „In Ordnung!" keuchte er. „Aber dann spendiere ich die Spaghetti!"

Vokabeln:

1. *breitmachen*: sich anmaßend benehmen
2. *der Töff*: (schweizerisch) Motorrad
3. *der Ölgötze*: unbewegt, teilnahms- und verständnislos wirkender Mensch
4. *seelenruhig*: mit unerschütterlicher Ruhe
5. *der Tagesteller*: nur aus einem Hauptgang bestehendes Tagesmenü
6. *etwas hängt einem zum Hals heraus*: jemand ist einer Sache überdrüssig
7. *sich am liebsten ins Mauseloch verkriechen*: sich vor Verlegenheit verstecken wollen
8. *Heiliger Bimbam*: Ausdruck der erstaunten oder erschrockenen Betroffenheit
9. *Heiliger Strohsack*: Ausdruck der erstaunten oder erschrockenen Betroffenheit

Arbeitsaufgaben:

1. Was bedeutet der Satz: „Im Unterricht machte er gerne auf Verweigerung." (Zeile 5/6)
2. Was bedeutet „Total gesponnen!" (Zeile 66)?
3. Was denkt Heinz über Marcel, als er ihn die Gemüsesuppe essen sieht?
4. Warum beginnt Heinz zu schwitzen, als Marcel ihn auffordert, die Spaghetti mit ihm zu teilen?
5. Warum redet Heinz beim Essen nicht mit Marcel?
6. Warum redet Marcel beim Essen nicht mit Heinz?
7. Was ist der Wendepunkt der Kurzgeschichte?
8. Erklären Sie den Satz: „Er sah die Pupillen des Schwarzen aufblitzen, sah den Schalk in seinen Augen schimmern. Auf einmal warf er den Kopf zurück, brach in dröhnendes Gelächter aus." (Zeile 94-96)
9. Warum bricht Marcel am Ende in dröhnendes Gelächter aus?
10. Warum lacht Heinz mit Marcel?

11. Welches literarische Stilmittel wird hauptsächlich verwendet, um die Gedankengänge der Figur Heinz wiederzugeben?
12. Welche Gedanken könnte die Figur Marcel während des ganzen Prozesses gehabt haben? Diskutieren Sie in Gruppen.
13. Um welches Thema geht es in dieser Geschichte?
14. Schreiben Sie zu dieser Kurzgeschichte eine Inhaltsangabe von 120 Wörtern.

Zusatztext 1

Das Fenstertheater

Ilse Aichinger

Die Frau lehnte am Fenster und sah hinüber. Der Wind trieb in leichten Stößen vom Fluss herauf und brachte nichts Neues. Die Frau hatte den starren Blick neugieriger Leute, die unersättlich sind. Es hatte ihr noch niemand den Gefallen getan, vor ihrem Haus niedergefahren zu werden. ...

Außerdem wohnte sie im vorletzten Stock, die Straße lag zu tief unten. Der Lärm rauschte nur mehr leicht herauf. Alles lag zu tief unten. Als sie sich eben vom Fenster abwenden wollte, bemerkte sie, dass der Alte gegenüber Licht angedreht hatte. Da es noch ganz hell war, blieb dieses Licht für sich und machte den merkwürdigen Eindruck, den aufflammende Straßenlaternen unter der Sonne machen. Als hätte einer an seinen Fenstern die Kerzen angesteckt, noch ehe die Prozession die Kirche verlassen hat. Die Frau blieb am Fenster.

Der Alte öffnete und nickte herüber. Meint er mich? dachte die Frau. Die Wohnung über ihr stand leer und unterhalb lag eine Werkstatt, die um diese Zeit schon geschlossen war. Sie bewegte leicht den Kopf. Der Alte nickte wieder. Er griff sich an die Stirne, entdeckte, dass er keinen Hut aufhatte, und verschwand im Inneren des Zimmers.

Gleich darauf kam er in Hut und Mantel wieder. Er zog den Hut und lächelte. Dann nahm er ein weißes Tuch aus der Tasche und begann zu winken. Erst leicht und dann immer eifriger. Er hing über die Brüstung, dass man Angst bekam, er würde vornüberfallen. Die Frau trat einen Schritt zurück, aber das schien ihn zu bestärken. Er ließ das Tuch fallen, löste seinen Schal vom Hals – einen großen bunten Schal – und ließ ihn aus dem Fenster wehen. Dazu lächelte er. Und als sie noch einen weiteren Schritt zurücktrat, warf er den Hut mit einer heftigen Bewegung ab und wand den Schal wie einen Turban um seinen Kopf. Dann kreuzte er die Arme über der Brust und verneigte sich. Sooft er aufsah, kniff er das linke Auge zu, als herrsche zwischen ihnen ein geheimes Einverständnis. Das bereitete ihr so lange Vergnügen, bis sie plötzlich nur mehr seine Beine in dünnen, geflickten Samthosen in die Luft ragen sah. Er stand auf dem Kopf. Als sein Gesicht gerötet, erhitzt und freundlich wieder auftauchte, hatte sie schon die Polizei verständigt.

Und während er, in ein Leintuch gehüllt, abwechselnd an beiden Fenstern erschien, unterschied sie schon drei Gassen weiter über dem Geklingel der Straßenbahnen und dem gedämpften Lärm der Stadt das Hupen des Überfallautos. Denn ihre Erklärung hatte nicht sehr klar und ihre Stimme erregt geklungen. Der alte Mann lachte jetzt, so dass sich sein Gesicht in tiefe Falten legte, streifte dann mit einer vagen Gebärde darüber, wurde ernst, schien das Lachen eine Sekunde lang in der hohlen Hand zu halten und warf es dann hinüber. Erst als der Wagen schon um die Ecke bog, gelang es der Frau, sich von seinem Anblick loszureißen.

Sie kam atemlos unten an. Eine Menschenmenge hatte sich um den Polizeiwagen gesammelt. Die Polizisten waren abgesprungen, und die Menge kam hinter ihnen und der Frau her. Sobald man die Leute zu verscheuchen suchte, erklärten sie einstimmig, in diesem Hause zu wohnen. Einige davon kamen bis zum letzten Stock mit. Von den Stufen beobachteten sie, wie die Männer, nachdem ihr Klopfen vergeblich blieb und die Glocke allem Anschein nach nicht funktionierte, die Tür aufbrachen. Sie arbeiteten schnell und mit einer Sicherheit, von der jeder Einbrecher lernen konnte. Auch in dem Vorraum, dessen Fenster auf den Hof sahen, zögerten sie nicht eine Sekunde. Zwei von ihnen zogen die Stiefel aus und schlichen um die Ecke. Es war inzwischen finster geworden. Sie stießen an einen Kleiderständer, gewahrten den Lichtschein am Ende des schmalen Ganges und gingen ihm nach. Die Frau schlich hinter ihnen her.

Als die Tür aufflog, stand der alte Mann mit dem Rücken zu ihnen gewandt noch immer am Fenster. Er hielt ein großes weißes Kissen auf dem Kopf, das er immer wieder abnahm, als bedeutete er jemandem, dass er schlafen wolle. Den Teppich, den er vom Boden genommen hatte, trug er um die Schultern. Da er schwerhörig war, wandte er sich auch nicht um, als die Männer auch schon knapp hinter ihm standen und die Frau über ihn hinweg in ihr eigenes finsteres Fenster sah.

Die Werkstatt unterhalb war, wie sie angenommen hatte, geschlossen. Aber in die Wohnung oberhalb musste eine neue Partei eingezogen sein. An eines der erleuchteten Zimmer war ein Gitterbett geschoben, in dem aufrecht ein kleiner Knabe stand. Auch er trug sein Kissen auf dem Kopf und die Bettdecke um die Schultern. Er sprang und winkte herüber und krähte vor Jubel. Er lachte, strich mit der Hand über das Gesicht, wurde ernst und schien das Lachen eine Sekunde lang in der hohlen Hand zu halten. Dann warf er es mit aller Kraft den Wachleuten ins Gesicht.

Vokabeln:

1. *die Werkstatt*: ein Arbeitsraum für die Ausübung eines Handwerks
2. *unterscheiden*: etwas optisch oder akustisch wahrnehmen
3. *der Wachmann, die Wachleute*: Polizist (österreichisch)

Arbeitsaufgaben:

1. Wie wird die Frau charakterisiert?
2. Warum heißt die Kurzgeschichte *Das Fenstertheather*?
3. Was ist die Botschaft dieser Kurzgeschichte?

Zusatztext 2

Schliesslich ist letztes Mal auch nichts passiert

Kirsten Boie

Zum Beispiel könnte er das Fahrrad nehmen. Man kann auch im Regen Rad fahren, zwölf Kilometer sind schliesslich nicht die Welt. Oder wenn er das Geld für ein Taxi hätte. „Manu?", ruft Hilde aus dem Wohnzimmer. „Musst du nicht los?"

Und ausserdem ist es unwahrscheinlich, dass etwas passiert. Beim letzten Mal ist ja auch
5 nichts passiert. Und all die tausend Male davor. Beim letzten Mal nur beinahe. Oder eigentlich nur: vielleicht beinahe.

„Manu?", ruft Hilde. „Gleich ist es vier!" Auf der Hinfahrt hat er sowieso keine Angst. Solange es hell ist. Eher dann schon auf der Rückfahrt. Das weiss man doch, wie die Leute sind. Bis da einer aufsteht. Bis da einer etwas sagt. Bis da einer, das schon überhaupt nicht,
10 dazwischengeht.

„Manu?", ruft Hilde. „Um zwölf nach geht die Bahn!" Aber es muss ja auch keiner gleich zuschlagen. Natürlich, reden, das tun sie. Aber das haben sie schliesslich schon immer getan.

„Manu?", sagt Hilde. Sie steht in der Zimmertür, die Lesebrille verrutscht. „Ich dachte, es ist so wichtig heute? Ich dachte, weil es das letzte Training ist … Wenn du dich beeilst, kriegst du
15 die U-Bahn noch", sagt Hilde. Sie sieht ihn misstrauisch an. „Oder ist irgendetwas los?" Manu schiebt den Stuhl unter den Schreibtisch. „Nee, nee, alles okay", sagt er.

Wenn Hilde sich nicht immer so einmischen würde. Fragen und kontrollieren und aufpassen, dass er nicht zu spät kommt. „Ja, dann beeil dich aber auch mal!", sagt Hilde, und allmählich klingt ihre Stimme ungeduldig. „Manchmal versteh ich dich wirklich nicht!" Musst du ja auch
20 nicht, denkt Manu. Verlangt kein Mensch von dir. Könntest du auch gar nicht. Meine Güte, was weisst denn du!

„Ich nehm sowieso das Rad", sagt Manu und schnürt sich die Stiefel zu. „Nur keine Hektik."

Hilde zuckt die Achseln und geht zurück ins Wohnzimmer. „Viel Spass jedenfalls", sagt sie und guckt noch einmal über die Schulter zurück. „Aber irgendetwas ist los, ich bin doch nicht blöd."

Nee, bist du vielleicht nicht, denkt Manu. Blöd seid ihr ja alle nicht. Aber Ahnung habt ihr trotzdem keine. Der Regen schlägt vor der Haustür auf die Steine. Wenn er läuft, kriegt er die U-Bahn noch leicht. Er müsste ja verrückt sein, jetzt mit dem Rad zu fahren. Bei diesem Wetter ausgerechnet. Manu zieht den Kopf zwischen die Schultern und läuft. Er ist gut im Training, die Strecke schafft er in drei Minuten. Höchstens.

Und schliesslich, denkt Manu, was ist schon gewesen? Ihre Bierdosen haben sie aufgerissen, ihre Mäuler auch. Noch nicht mal Glatzen haben sie gehabt, noch nicht mal Springerstiefel, irgendwie völlig normal. Müsste einem fast peinlich sein, dass man sich da gleich so aufregt. Schliesslich haben sie früher auch schon geredet. Solange er denken kann schon. Aber früher haben sie eben noch keine Menschen angezündet, das macht einen Unterschied. Jetzt kann man ihnen glauben, was sie sagen.

„Ey, guck mal, die Dachpappe", hat einer gesagt. Offene Jacke, Pickel rechts am Kinn. Da sassen sie schon lange mit ihm im Abteil, zu dritt, hatten längst ihre Bierdosen geöffnet. Hatten gerülpst und die Beine von sich gespreizt, hatten sich über die missbilligenden Blicke der Alten gefreut und über die Jungen, die taten, als sähen sie nichts. Angestrengt. Und plötzlich war Rülpsen nicht mehr genug.

„Ey, guck mal, die Dachpappe! Darf der seinen schwarzen Arsch auf deutsche Bänke setzen?"

„Genau!", sagte der nächste: klein, ein bisschen dick, ein deutscher Mann. Sah in die Richtung, in der Manu sass und tat, als läse er. „Und später setzen sich da wieder deutsche Frauen hin, was? Wo der mit seinem Kaffernarsch ..."

Zwei Männer mit Aktenkoffern und den Gesichtern von Taubblinden drängten sich an den dreien vorbei und stiegen aus der Bahn. Noch zwei Haltestellen bis zu Hause.

„He, Dachpappe! Arsch hoch, aber bisschen rucki, zucki!" Manu sah erstaunt, wie weiss seine Fingerknöchel waren, so fest hielt er jetzt das Buch. Bisher war noch alles ganz harmlos. „Du nix deutsch, oder was? Du nur Uga-Uga, bum-bu?" Wenn sie lachten, war es erst mal gut. Wenn sie sich auf die Schenkel schlugen, war es gut, so lange waren sie zufrieden. So lange mussten sie nicht zu ihm kommen und tun, was sie nun tun wollten und wovon sie vielleicht noch nicht einmal wussten, was es sein würde. Das würde sich dann schon ergeben. „Nächste Haltestelle …", sagte der Lautsprecher.

55 Wenn er hier ausstieg, war er in Sicherheit. Er konnte die nächste Bahn abwarten und das letzte Stück zwanzig Minuten später fahren. Aber wenn er hier ausstieg, war er auf dem dunklen Bahnsteig allein. Wenn er hier ausstieg, war er vielleicht mit den dreien auf dem dunklen Bahnsteig allein.

Eine alte Frau ging langsam zur Tür. Stieg über die weit in den Gang gestreckten Beine, sah
60 niemanden an, hielt krampfhaft ihre Tasche. In der offenen Tür drehte sie sich noch einmal um. „Schämen solltet ihr euch, schämen!", rief sie. Ihre Stimme war klein und dünn, und die drei schlugen sich auf die Schenkel. „Tun wir ja, Oma, tun wir ja!", schrie der mit der offenen Jacke.

Um sie herum starrten die Leute aus dem Fenster. Manche hatten das Glück, in ihre Zeitung
65 sehen zu können.

„Ich hab gehört, Dachpappe brennt gut", sagte der mit der Jacke und rülpste wieder.

„Was? Brennt tierisch gut, der Scheiss!" Manu stand langsam auf. Der Lautsprecher sagte die Station an, gleich war er angekommen.

„Guck mal, kann doch Deutsch, der Kaffer", sagte der Kleine. „Und jetzt putz die Bank mal
70 schön sauber, Zuluhäuptling! Bevor sich da der nächste Weisse hinsetzt!"

Drei Meter nur bis zur Tür, er war gut im Training. „Hast du nicht gehört, Kanake?", brüllte der Kleine. „Abputzen sollst du!" Da war der Bahnsteig, und die Tür war offen, und Manu rannte, rannte am Kiosk vorbei und die Treppe nach oben, horchte nicht, ob Schritte hinter ihm waren. Erst zu Hause merkte er, dass er das Buch in der Bahn gelassen hatte. Es war aus der
75 Bücherei gewesen, bestimmt musste er es bezahlen.

Arschlöcher, denkt Manu. Die Bahn fährt noch nicht einmal ein, als er auf den Bahnsteig kommt. Er hat doch gewusst, dass er es schaffen kann. – Bestimmt hatten die nur geredet. Die hätten mir nie was getan. Aber ich bin ja immer gleich in Panik.

Er geht ein paar Schritte zu einer Frau, die einen kleinen Jungen an der Hand hält. Und wenn
80 sie etwas versucht hätten, wäre auch bestimmt jemand gekommen, bestimmt. Man darf nicht

danach gehen, wie die Leute sich verhalten, solange nichts passiert.

Es ist doch schliesslich nichts passiert. Vielleicht haben sie alle nur gewartet. Vielleicht haben sie dagesessen mit ihren starren Gesichtern, die Fäuste in den Taschen. Vielleicht wären sie aufgesprungen, alle zusammen, es ist nicht nötig, Angst zu haben.

Die Bahn fährt ein, die Türen öffnen sich. Wenn er ganz nahe bei der Frau bleibt, was soll schon passieren? Schliesslich ist letztes Mal auch nichts passiert. 85

Vokabeln:

1. *der Kanake*: ein meist abwertendes Wort der deutschen Umgangssprache für Menschen aus Südosteuropa, dem Nahen und Mittleren Osten und Nordafrika
2. *die Dachpappe*: mit teerartigen Stoffen getränkte und gesandelte Pappe zur Dacheindeckung
3. *Zulu*: Angehöriger bzw. Angehörige eines in Südafrika heimischen Bantu-Volkes,

Arbeitsaufgaben:

1. Wie reagieren die Fahrgäste, als die drei Jugendlichen Manu verbal angreifen?
2. Wie ist der Titel „Schliesslich ist letztes Mal auch nichts passiert" zu verstehen? Ist Manu wirklich nichts passiert?
3. Warum redet Manu sich ein, dass nichts passieren wird?
4. Um welches Problem geht es in dieser Kurzgeschichte?

Lektion 7

Hauptext

Goethe schtirbt

Thomas Bernhard

Am Vormittag des zweiundzwanzigsten ermahnte mich Riemer, bei meinem für halbzwei angesetzten Besuch Goethes *einerseits leise, andererseits doch nicht zu leise* mit dem Manne zu sprechen, von welchem jetzt nurmehr noch gesagt wurde, daßer der Größte der Nation und gleichzeitig auch der allergrößte unter allen Deutschen bis heute sei, denn einerseits höre er
5   jetzt *das eine geradezu erschreckend deutlich, das andere aber beinahe überhaupt nicht mehr* und man wisse nicht, was er höre und was nicht und obwohl es das Schwierigste sei in der Unterhaltung mit dem auf seinem Sterbebett liegenden, die ganze Zeit mehr oder weniger bewegungslos in die Richtung auf das Fenster schauenden Genius, die angemessene Lautstärke in der eigenen Rede zu finden, sei es doch möglich, vor allem durch die allerhöchste
10 Aufmerksamkeit der Sinne, in dieser nun tatsächlich nurmehr noch traurig machenden Unterhaltung genau jene Mitte zu finden, die dem jetzt für alle sichtbar an seinem Endpunkt angekommenen Geist entspreche. Er, Riemer, habe die letzten drei Tage mehrere Male mit Goethe gesprochen, zweimal in Anwesenheit Kräuters, den Goethe beschworen haben solle, fortwährend und bis zum letzten Augenblick, bei ihm zu bleiben, aber doch einmal allein, weil
15 Kräuter, angeblich infolge einer plötzlichen Übelkeit durch das Auftreten Riemers in Goethes Zimmer, dieses fluchtartig verlassen habe, wobei Goethe sofort, wie in alten Tagen, mit Riemer

über *Das Zweifelnde und das Nichtzweifelnde* gesprochen habe, genau wie in den ersten Märztagen, in welchen, so Riemer, Goethe immer wieder auf dieses Thema gekommen sei, immer wieder und immer wieder mit größter Wachsamkeit, nachdem er sich, so Riemer, Ende Feber fast ausschließlich, gleichsam zur tagtäglichen Morgenübung mit Riemer, ohne Kräuter also und also ohne den von Riemer immer wieder als *Ungeist* bezeichneten *Belaurer des goetheschen Absterbens*, mit dem *Tractatus logico-philosophicus* beschäftigt und überhaupt Wittgensteins Denken als das *dem seinigen aufeinmal zunächst-stehende, wie das seinige ablösende*, bezeichnet hatte; daß dieses seinige gerade da, wo es in die Entscheidung gekommen sei zwischen dem, das Goethe zeitlebens als Hier und dem, das er zeitlebens als Dort einzusehen und anzuerkennen gezwungen gewesen sei, schließlich von dem wittgensteinschen Denken überdeckt, wenn nicht gar *vollkommen zugedeckt* hatte werden müssen. Goethe soll sich in diesem Gedanken mit der Zeit so aufgeregt haben, daß er Kräuter beschwor, Wittgenstein kommen zu lassen, diesen, gleich, was es koste, aus England nach Weimar zu holen, *unter allen Umständen und so bald als möglich* und tatsächlich *hätte* Kräuter Wittgenstein dazu bringen können, Goethe aufzusuchen, merkwürdigerweise gerade an diesem zweiundzwanzigsten; die Idee, Wittgenstein nach Weimar einzuladen, war Goethe schon Ende Feber gekommen, so Riemer jetzt, und nicht erst Anfang März, wie Kräuter behauptete, und Kräuter sei es gewesen, der von Eckermann in Erfahrung gebracht habe, daß Eckermann unter allen Umständen eine Reise Wittgensteins nach Weimar zu Goethe hatte verhindern wollen; Eckermann habe Goethe über Wittgenstein derartig *Unverschämtes*, so Kräuter, vorgetragen, daß Goethe, damals noch im Vollbesitz seiner Kräfte, naturgemäß auch der physischen und tagtäglich noch imstande, in die Stadt hineinzugehen, also durchaus den Frauenplan zu verlassen und über das schillersche Haus hinaus in die Gegend von Wieland, so Riemer, daß Goethe von Eckermann jedes weitere Wort über Wittgenstein, *den Verehrungswürdigsten*, wie sich Goethe wörtlich ausgedrückt haben solle, verbeten habe, Goethe soll zu Eckermann gesagt haben, daß seine Dienste, die er, Eckermann, ihm, Goethe, bisher geleistet habe und zwar allezeit, mit diesem Tage und mit dieser traurigsten aller Stunden der deutschen Philosophiegeschichte, null und nichtig seien, er, Eckermann, habe sich an Goethe durch die Niederträchtigkeit, Wittgenstein ihm gegenüber in Verruf zu bringen, unverzeihlich schuldig gemacht und habe augenblicklich das Zimmer zu verlassen, *Das Zimmer* soll Goethe gesagt haben, ganz gegen seine Gewohnheit, denn er hatte sein Schlafzimmer immer nur *Die Kammer* genannt, aufeinmal hatte er, so Riemer, Eckermann das Wort *Zimmer* an den Kopfgeschleudert und Eckermann sei einen Augenblick völlig wortlos dagestanden, habe kein Wort herausgebracht, so Riemer, und habe Goethe verlassen. Er *wollte mir mein Heiligstes nehmen*, soll Goethe zu Riemer gesagt haben, *er, Eckermann, der mir alles verdankt, dem ich alles gegeben habe und der nichts wäre ohne mich, Riemer.* Goethe sei, nachdem Eckermann die Kammer verlassen hatte, selbst nicht befähigt gewesen, ein Wort zu sprechen, er soll immer nur das Wort *Eckermann* gesagt haben, tatsächlich so oft, daß es Riemer erschienen war, als sei Goethe nahe daran, wahnsinnig zu werden. Aber Goethe habe sich dann doch rasch fassen und mit Riemer sprechen können, kein Wort über Eckermann mehr, aber über Wittgenstein. Es bedeute ihm, Goethe, höchstes Glück, in Oxford seinen engsten Vertrauten zu wissen, nur getrennt durch den Kanal, so Riemer, der mir doch gerade in dieser Erzählung am glaubhaftesten schien, nicht wie sonst immer, schwärmerisch, unglaubwürdig; auf einmal hatte Riemers Bericht doch das Authentische, das ich sonst immer an seinen Berichten vermißte, Wittgenstein in Oxford, soll Goethe gesagt haben, Goethe in Weimar, ein glücklicher Gedanke, lieber Riemer, wer kann empfinden, was dieser Gedanke wert ist, außer ich selbst, der ich in diesem Gedanken der Glücklichste bin. Riemer unterstrich immer wieder, daß Goethe mehrere Male gesagt haben soll, *Der Glücklichste.* In bezug auf Wittgenstein in Oxford. Als Riemer sagte *In Cambridge,* soll Goethe gesagt haben *Oxford oder Cambridge, es ist der glücklichste Gedanke meines Lebens und dieses Leben war voll von den glücklichsten Gedanken.* Von allen diesen glücklichsten Gedanken ist der Gedanke, daß es Wittgenstein gibt, mein glücklichster. Riemer habe zuerst nicht gewußt, wie eine Verbindung zwischen Goethe und Wittgenstein herzustellen sei, und er habe mit Kräuter gesprochen, dieser habe aber, ebenso wie Eckermann, von einem Auftreten Wittgensteins in Weimar nichts wissen wollen. Während Goethe, wie ich selbst aus Äußerungen Goethes mir gegenüber weiß, Wittgenstein so bald als möglich sehen wollte, sprach Kräuter andauernd davon, daß Wittgenstein *nicht vor April* kommen solle, der März sei der unglücklichste Termin, Goethe selbst wisse das nicht, aber er, Kräuter, wisse das, Eckermann habe in vieler Hinsicht nicht unrecht gehabt, Wittgenstein Goethe überhaupt

auszureden, was natürlich ein Unsinn war, so Kräuter zu mir, denn Goethe hatte sich niemals
von Eckermann etwas ausreden lassen, aber Eckermann hatte immer einen guten Instinkt, so
Kräuter zu mir, als wir gerade an dem wielandschen Hause vorbeigingen; Eckermann habe es
an diesem fraglichen Tag, an dem Tag, an welchem Goethe unmißverständlich nach
Wittgenstein verlangt habe, nach dem persönlichen Auftreten seines Nachfolgers, sozusagen,
zu weit getrieben, er, Eckermann, habe ganz einfach an diesem Tage die Kräfte, die physischen
und die psychischen Kräfte Goethes überschätzt, genauso wie seine Kompetenzen, und Goethe
habe sich wegen Wittgenstein, wegen nichts sonst, von Eckermann getrennt. Ein Versuch der
Frauen unten (die in der Halle standen!) Goethe umzustimmen aus dem Vorhaben, das ja schon
zum endgültigen Entschluß geworden war, Eckermann tatsächlich zu verjagen und zwar wegen
Wittgenstein für immer, was die Frauen natürlich nicht begreifen konnten, war fehlgeschlagen,
für zwei Tage hatte Goethe sich ja, wie ich weiß, überhaupt den Frauenbesuch in der Kammer
verboten, gerade Goethe, sagte ich zu Riemer, der keinen Tag ohne die Frauen auszukommen
imstande gewesen ist, solange er lebt; Eckermann soll bei den Frauen unten in der Halle
gestanden sein, fassungslos, wie Krauter später sagte, die Frauen sollen ihn sozusagen bestürmt
haben, die Sache auf den schlechten Allgemeinzustand Goethes zurückzuführen und sie nicht
im ganzen Umfange ernst zu nehmen, nicht so ernst jedenfalls, wie Eckermann sie im
Augenblick nahm und eine der Frauen, ich weiß nicht mehr, welche von den vielen in der
Halle stehenden, sei zu Goethe hinauf, um für Eckermann einzutreten, aber Goethe war nicht
mehr umzustimmen, er soll gesagt haben, daß er von keinem jemals gelebten Menschen in
einer solchen verletzendsten Weise enttäuscht worden sei, wie von Eckermann, er wolle ihn
niemehr sehen. Dieses *Niemehr* Goethes sei dann in der Halle noch oft zu hören gewesen, auch
dann noch, als Eckermann längst aus dem goetheschen Hause gewesen und dann tatsächlich
auch nicht mehr gesehen worden war. Niemand weiß, wo Eckermann heute ist. Kräuter hat
nachforschen lassen, aber alle diese Nachforschungen sind ohne Ergebnis geblieben. Selbst die
Gendarmerie in Halle und Leipzig ist eingeschaltet worden und, so Riemer, auch nach Berlin
und Wien hat Kräuter Nachricht vom Verschwinden Eckermanns gegeben, so Riemer.
Tatsächlich habe Kräuter, so Riemer, noch mehrere Male versucht, Goethe von dem Gedanken
abzubringen, Wittgenstein nach Weimar kommen zu lassen, und es war ja auch nicht sicher

gewesen, so Kräuter, ob Wittgenstein tatsächlich nach Weimar kommt, selbst wenn er von
Goethe eingeladen ist, von dem größten Deutschen, denn Wittgensteins Denken machte diese
Sicherheit auf alle Fälle schwankend, so Kräuter wörtlich, er, Krauter, so Riemer, habe aber
Goethe in ungemein vorsichtiger Weise vor einem Auftreten Wittgensteins in Weimar gewarnt,
sei nicht so plump und tatsächlich vertraulich vorgegangen dabei wie Eckermann, der in
diesem wittgensteinschen Falle einfach zu weit gegangen sei, weil er sich dieser Sache sicher
gewesen war, weil er nicht wußte, daß man in bezug auf die goetheschen Vorstellungen und
Gedanken ja niemals und in keinem Falle hatte sicher sein können, was beweise, daß
Eckermann bis zuletzt *seine Geistesbeschränkung ,die wir von Eckermann kennen,* nicht
ablegen hatte können, so Riemer, aber selbst Kräuter war es nicht gelungen, Goethe davon
abzubringen, Wittgenstein nach Weimar kommen zu lassen. Einem solchen Geist ist kein
Telegramm zu schicken, soll Goethe gesagt haben, einen solchen Geist können man nicht
einfach auf telegraphische Weise einladen, man müsse einen lebendigen Boten nach England
schicken, soll Goethe Kräuter gegenüber gesagt haben. Kräuter soll nichts darauf gesagt haben,
und da Goethe entschlossen war, Wittgenstein *von Angesicht zu Angesicht* zu sehen, wie
Riemer jetzt pathetisch sagte, weil Kräuter es genau in dieser pathetischen Weise gesagt haben
soll, mußte sich Kräuter schließlich, so schwer es ihm fiel, dem Wunsch Goethes beugen.
Goethe soll gesagt haben, daß, wenn er bei besserer Gesundheit sei, er selbst nach Oxford oder
Cambridge reisen würde, um mit Wittgenstein über *Das Zweifelnde und das Nichtzweifelnde*
zu sprechen, ihm machte es nichts aus, *Wittgenstein entgegenzugehen*, auch, wenn die
Deutschen einen solchen Gedanken allein nicht verstehen, darüber setze er, Goethe, sich
vollkommen hinweg, wie er selbst sich immer über alle Gedanken der Deutschen
hinweggesetzt habe, gerade weil er *der* Deutsche sei, was auszusprechen ihm völlig natürlich
wäre, *ich führe gern nach England an meinem Lebensende*, soll Goethe zu Kräuter gesagt
haben, aber meine Kräfte reichen dazu nicht mehr aus, so bin ich gezwungen, Wittgenstein den
Vorschlag zu machen, zu mir zu kommen. *Selbstverständlich*, soll Goethe zu Kräuter gesagt
haben, *wohnt Wittgenstein, mein philosophischer Sohn sozusagen*, so Kräuter, der sich für die
Wörtlichkeit dieser Aussage Goethes verbürgt, *in meinem Hause. Und zwar in dem
allergemütlichsten Zimmer, das wir haben. Ich lasse dieses Zimmer genauso ausstatten, wie*

ich glaube, daß es Wittgenstein gefällt. Und wenn er zwei Tage bleibt, was Schöneres kann ich wünschen! soll Goethe ausgerufen haben. Kräuter, so Riemer, soll über diese ganz konkreten Wunschvorstellungen Goethes entsetzt gewesen sein. Er habe sich entschuldigt und für Augenblicke wenigstens Goethes Zimmer verlassen, um den Frauen in der Halle und selbst in der Küche unten, so Riemer, von dem Plan Goethes, Wittgenstein in sein Haus einzuladen, Mitteilung zu machen. Natürlich hatten die Weiber nicht einmal gewußt, wer Wittgenstein ist, soll Kräuter zu Riemer gesagt haben, so Riemer. Sie dachten, Kräuter sei verrückt geworden. Dieser Wittgenstein ist aufeinmal der wichtigste Mensch für Goethe, soll Krauter zu den Küchenweibern gesagt haben, worauf die ihn für verrückt gehalten hatten. Immer wieder sei Kräuter durch das goethesche Haus gegangen und habe gesagt, *Wittgenstein ist der Wichtigste für Goethe* und alle, die das hörten, sollen sich an den Kopf gegriffen haben. *Ein österreichischer Denker!* soll Kräuter auch dem Arzt gegenüber ausgerufen haben, der Goethe behandelte und täglich zweimal erschien, worauf dieser Arzt (ich nenne seinen Namen nicht, damit er mich nicht verklagen kann!) zu Kräuter gesagt haben soll, er, Kräuter, sei wahnsinnig geworden, worauf Kräuter zu dem Arzt gesagt haben soll, er, der Arzt, sei verrückt, worauf der Arzt zurückgesagt haben soll, Krauter gehöre nach Bethel, worauf Kräuter dem Arzt gesagt haben soll, daß er nach Bethel gehöre undsofort. Schließlich hatte Kräuter geglaubt, Goethe habe in der Zwischenzeit sich in dem Gedanken, Wittgenstein nach Weimar und sogar in sein Haus einzuladen, beruhigt und er sei nach einiger Zeit wieder in Goethes Zimmer getreten. Der Genius, so Riemer, soll Kräuter gesagt haben, stand jetzt am Fenster und betrachtete eine vereiste Dahlie im Garten. *Sehen Sie, Kräuter, diese vereiste Dahlie!* soll Goethe ausgerufen haben und seine Stimme soll stark gewesen sein wie eh und je, *Das ist das Zweifelnde und das Nichtzweifelnde!* Goethe soll darauf lange Zeit am Fenster stehengeblieben sein und Kräuter beauftragt haben, Wittgenstein in Oxford oder Cambridge (es sei vollkommen gleichgültig, wo wirklich!) aufzusuchen und einzuladen. Wie ich glaube, ist der Kanal zugefroren und das heißt, daß Sie sich in einen ordentlichen Pelz einzuwickeln haben! soll Goethe zu Kräuter gesagt haben. Wickeln Sie sich in einen ordentlichen Pelz ein und suchen Sie Wittgenstein auf und laden Sie ihn für den zweiundzwanzigsten März nach Weimar ein. Es ist mein Lebenswunsch, Kräuter, gerade an dem zweiundzwanzigsten März Wittgenstein zu sehen. Ich habe keinen anderen Wunsch mehr. Wenn Schopenhauer und Stifter noch lebten, würde ich diese beiden mit Wittgenstein einladen, aber Schopenhauer und Stifter leben nicht mehr, so lade ich allein Wittgenstein ein. Und wenn ich es genau überlege, so Goethe am Fenster, die rechte Hand auf

165 den Stock gestützt, ist Wittgenstein von allen der größte. Kräuter soll, so Riemer, Goethe auf die Schwierigkeit aufmerksam gemacht haben, *in dieser kalten und unfreundlichen Jahreszeit nach England zu reisen, durch halb Deutschland durch über den Kanal und bis nach London und weiter. Entsetzlich Goethe!* soll Kräuter ausgerufen haben, so Riemer, darauf Goethe mit ebensolcher Wucht: *Fahr Kräuter, fahr!* Worauf Krauter, so Riemer in seiner bekannten

170 Schadenfreude, nichts anderes übrig blieb, als zu verschwinden und die Reise anzutreten. Die Frauen machten fürchterliche Umstände mit ihm. Sie schafften eine ganze Reihe von Pelzen aus dem goetheschen Besitz herbei, an die zwei Dutzend, darunter auch den Reisepelz, den Goethe noch von Cornelia Schellhorn aufbewahrt und *aus heiligem Grund* niemals getragen hatte, darunter, so Riemer, auch einen Pelz der Katharina Elisabeth Schultheiss, schließlich

175 auch noch einen, den Ernst August einmal bei Goethe vergessen hatte, und gerade für den hatte sich schließlich Kräuter entschieden, weil er, so Kräuter, so Riemer, gerade recht war, bei dieser Reise nach England getragen zu werden. Schließlich war Kräuter binnen zweier Stunden auf dem Bahnhof und reiste ab. Jetzt hatte Riemer Zeit bei Goethe, wie er sagte, und Goethe vertraute ihm, Riemer, vieles über Kräuter, aber auch über Eckermann und die andern an, das

180 diese in kein gutes Licht brachte. So beschwerte sich Goethe, laut Riemer, über Kräuter gleich nach dessen Abreise nach England, daß dieser, Kräuter, Goethe immer vernachlässigt habe. Goethe erklärte sich nicht näher, auch Riemer mir gegenüber nicht, aber fortwährend habe Goethe zu Riemer in bezug auf Kräuter das Wort *vernachlässigt* gesagt. Selbst daß Krauter ein dummer Mensch sei, soll Goethe oft zu Riemer gesagt haben. Eckermann sei *noch dümmer*

185 gewesen. Ernst August sei nicht der große Ernst August gewesen, für den man ihn jetzt halte. *Er war dümmer*, soll Goethe gesagt haben, *gemeiner, als man annimmt.* Ulrike soll er auch als *dumm* bezeichnet haben. Auch die Frau von Stein und ihre Kreise. Kleist habe er vernichtet, was ihm nicht leid täte. Damit konnte Riemer nichts anfangen, während ich doch zu wissen glaube, was Goethe meinte. Wieland, Herder, habe er immer höher geschätzt, als er sie

190 behandelt habe. *Im Winde klirren die Fahnen*, soll Goethe gesagt haben, *woher ist das?* Riemer

hatte keine Ahnung, ich sagte, von Hölderlin, Riemer schüttelte nur den Kopf. Das Nationaltheater habe er, Goethe, ruiniert, so Riemer, soll Goethe gesagt haben, überhaupt habe er, Goethe, das deutsche Theater zugrunde gerichtet, aber darauf kommen die Leute erst in frühestens zweihundert Jahren. *Was ich dichtete, ist das Größte gewesen zweifellos, aber auch das, mit welchem ich die deutsche Literatur für ein paar Jahrhunderte gelähmt habe. Ich war, mein Lieber*, soll Goethe zu Riemer gesagt haben, *ein Lähmer der deutschen Literatur. Meinem Faust sind sie alle auf den Leim gegangen. Am Ende ist alles, so groß es ist, nur eine Auslassung meiner innersten Gefühle gewesen, von allem ein Teil*, so Riemer berichtend, aber in keinem war ich das Allerhöchste. Riemer habe geglaubt, Goethe spreche über einen ganz anderen, nur nicht über sich selbst, als er zu Riemer sagte: *so habe ich die Deutschen, die dafür wie keine andern geeignet sind, hinters Licht geführt. Aber auf was für einem Niveau!* soll er ausgerufen haben, der Genius. Ernst und mit gesenktem Haupt soll Goethe dabei das schillersche Portrait auf seinem Nachttisch betrachtet und gesagt haben: *ihn habe ich vernichtet, mit aller Gewalt, ich habe ihn ganz bewußt zerstört, zuerst siech gemacht und dann vernichtet. Er wollte ein Gleiches tun. Der Arme! Ein Haus auf der Esplanade, wie ich eins auf dem Frauenplan! Was für ein Irrtum! Der tut mir leid*, soll Goethe gesagt und darauf längere geschwiegen haben. Wie gut, sagte Riemer, daß das Schiller selbst nicht mehr gehört hat. Goethe soll das Bildnis Schillers sich vor Augen geführt und dazu gesagt haben: *es tut mir leid um alle die Schwachen, die der Größe nicht entsprechen können, weil sie den Atem nicht haben!* Darauf soll er das Bildnis Schillers, das eine Freundin Wielands für Goethe gemacht haben soll, wieder auf den Nachttisch zurückgelegt haben. *Was nach mir kommt, hat es schwer*, soll Goethe dann gesagt haben. In diesen Momenten war Kräuter schon weit unterwegs gewesen. Wir hörten von ihm nichts, nur noch, daß er in Magdeburg sich eine Reliquie von Bach angeschafft habe, eine Locke des Thomaskantors, die er bei seiner Rückkehr Goethe hatte bringen wollen. Kräuter tut es gut, daß er eine Zeit aus dem Umkreis Goethes verschwunden ist, sagte Riemer. So können wir uns ganz ungestört unterhalten, und Goethe ist einmal ohne diesen Ungeist und Nichtmenschen. Er hat sich von Eckermann getrennt, so Riemer, er wird sich auch von Kräuter trennen. Und die Frauen, so Riemer, spielen jetzt gar keine Rolle mehr in seinem Leben. Die Philosophie ist es, die Dichtkunst nicht mehr. Man

220 sieht ihn jetzt öfter auf dem Friedhof, es ist, als suchte er sich einen Platz aus, immer treffe ich ihn auf dem Platze, der meinem Geschmack nach der beste ist. Windgeschützt, völlig abgesondert von allen andern. Ich hatte keine Ahnung, so Riemer jetzt auf der Esplanade, auf welcher aufeinmal die Vormittagsunruhe eingesetzt hatte, daß Goethe in seine letzten Tage eingetreten war. Wenn ich heute abend wieder bei ihm bin, so Riemer über Goethe, werde ich

225 mit ihm weiter über *Das Zweifelnde und das Nichtzweifelnde sprechen. Wir werden das Thema organisieren, so Goethe immer, und es angehen und zerstören.* Alles, was er bis jetzt gelesen und durchdacht habe, sei gegenüber dem Wittgensteinschen nichts oder *wenigstens beinahe nichts. Er wisse nicht mehr, was oder wer ihn auf oder zu Wittgenstein gebracht habe. Ein kleines Büchlein mit rotem Umschlag, aus der Bibliothek Suhrkamp*, sagte Goethe zu Riemer

230 einmal, *vielleicht, ich kann es nicht mehr sagen. Aber es war meine Rettung.* Hoffentlich, so Goethe zu Riemer, so Riemer, setzt sich Kräuter in Oxford oder Cambridge durch und Wittgenstein kommt bald. Ich habe nicht mehr lange Zeit. Goethe soll tagelang in der Kammer gesessen sein und, wie Riemer meint, nurmehr noch auf Wittgenstein gewartet haben. Es ist so, er wartet nurmehr noch auf Wittgenstein, welcher für ihn der und das Höchste ist, so Riemer.

235 Den *Tractatus* hat er unter dem Kopfpolster liegen. *Die Tautologie hat keine Wahrheitsbedingungen, denn sie ist bedingungslos wahr; und die Kontradiktion ist unter keiner Bedingung wahr,* soll er, Goethe, Wittgenstein zitierend, oft in diesen Tagen gesagt haben. Aus Karlsbad sollen Wünsche für seine Genesung gekommen sein von der Kurverwaltung, auch aus Marienbad und aus dem schönen Elenbogen schickte man Goethe ein

240 Glas, auf welchem er zusammen mit Wittgenstein abgebildet ist. Kein Mensch weiß, woher die in Elenbogen wissen, daß Goethe und Wittgenstein eins sind, so Riemer, auf dem Glas sind sie eins. Ein schönes Glas. Aus Sizilien meldete sich ein Professor, der in Agrigent zuhause ist, mit einer Einladung an Goethe, seine Sammlung goethescher Handschriften zu besichtigen. Goethe schrieb dem Professor, er sei nicht mehr in der Lage, über die Alpen zu gehen, obwohl

245 er *ihr Glühen mehr liebe, als das Meeresrauschen.* Goethe hatte sich ganz in die Korrespondenz zurückgezogen, so Riemer, in eine Art philosophierender Abschiedskorrespondenz. Nach Paris schrieb er einer gewissen Edith Lafontaine, die ihm Gedichte zur Beurteilung geschickt hatte, sie solle sich an Voltaire wenden, dieser habe sein Amt, literarische Bettelbriefe zu

beantworten, übernommen. Der Besitzer des Hotels Pupp in Karlsbad wandte sich an Goethe, ob er, Goethe, nicht sein Hotel kaufen wolle, für achthunderttausend Thaler, wie es heißt, ohne Personal. Im übrigen kam tagaus, tagein nur die übliche geschmacklose und gemeine Post auf den Frauenplan, die von den Sekretärinnen geordnet und dann von Goethe weggeworfen wurde, nicht eigenhändig natürlich, von Kräuter oder mir, so Riemer, das beste war ja, daß wir so viele große Öfen hatten, in die wir diese wertlose, aufdringliche, vollkommen asensible Post werfen konnten. Ganz Deutschland glaubte aufeinmal, sich brieflich an Goethe wenden zu können, ausnahmslos. Eckermann trug jeden Tag riesige Körbe voller Post zu den diversen Öfen. So heizte Goethe die meiste Zeit mit der Post ein, die er bekam in den letzten Jahren. Aber zurück zu Wittgenstein. Kräuter war, wie mir jetzt Riemer berichtete, tatsächlich bis zu Wittgenstein gekommen. Dieser aber war einen Tag, bevor Kräuter ihn aufsuchte, an Krebs gestorben. Er, Kräuter, so Riemer, habe Wittgenstein nurmehr noch aufgebahrt gesehen. Einen hageren Menschen mit eingefallenem Gesicht. In der Umgebung von Wittgenstein, so habe Kräuter berichtet, habe niemand etwas von Goethe gewußt. So sei Kräuter deprimiert wieder abgereist. Es war jetzt die große Frage, so Riemer, sollte Goethe Wittgensteins Tod mitgeteilt werden oder nicht. Gerade in diesen Minuten, sagte ich zu Riemer, wir gingen jetzt an dem schillerschen Haus vorbei, waren auf dem Rückweg zu dem sterbenden Goethe, welcher jetzt wieder ganz unter der Obhut der ihn umhegenden Frauen gestanden war, gerade in diesen Minuten hätte ich Wittgenstein vom Bahnhof abgeholt. Riemer schaute auf die Uhr, während ich folgendes sagen wollte: keiner, außer Goethe, verlangte tatsächlich so sehr nach dem Besuch Wittgensteins in Weimar, wie ich. Es wäre auch für mich ein Höhepunkt meiner Existenz gewesen, ich sagte *Existenz*, wo Goethe gesagt hätte *Leben*. Immer da, wo Goethe *Leben* gesagt hatte, hatte ich *Existenz* gesagt, das war in Karlsbad so gewesen, in Rostock, in Frankfurt, auf Rügen, in Elenbogen. Selbst wenn Wittgenstein und Goethe nur, sich gegenüberstehend oder -sitzend, geschwiegen hätten die ganze Zeit und wenn auch nur die kürzeste, es wäre der schönste Augenblick gewesen, der sich von mir aus denken läßt, wäre ich Zeuge gewesen. Riemer sagte, Goethe habe den *Tractatus über seinen Faust und über alles gestellt, das er geschrieben und gedacht* habe. Auch das ist Goethe, sagte Riemer. Auch ein solcher. Als Riemer den letzten Morgen, also den einundzwanzigsten, in Goethes Zimmer getreten sei, sagte er jetzt, in welchem, zu seiner, Riemers Überraschung, Kräuter gestanden war, der dem in seinem Bette auf vier von Ulrike bestickten Polstern unter seinem Kopf schon wie nurmehr noch auf die öffentliche Repräsentation hin aufgebahrten Goethe gerade mit hocherhobener rechter, ein wenig verkrüppelter Hand und drei geradezu fanatisch ausgestreckten Fingern mit erschreckender Rücksichtslosigkeit zu bedeuten schien, daß ihm, Goethe, nurmehr noch *drei* Tage blieben, kein einziger mehr (worin er, Kräuter, sich schließlich getäuscht hat!), habe Goethe zuerst nur gesagt, daß der Gickelhahn schuld sei, mehrere Male soll Goethe gesagt haben: *der Gickelhahn ist schuld.* Kräuter soll, noch ganz von seinem Englandauftrag hergenommen, so Riemer, ein Leinentuch in kaltes Wasser getaucht haben, welches in einem Lavoir auf einem kleinen weißgestrichenen Küchensessel am Fenster gestanden sei und das Leinentuch so lange über dem Lavoir ausgedrückt haben, daß es Riemer wie eine Ewigkeit vorgekommen sei, eine von Kräuter, so Riemer, tatsächlich ungeheuerlich in die Länge gezogene Zeit. Während Kräuter das Leinentuch über dem Lavoir ausdrückte, soll Goethe, schon ganz schwach, so Riemer, durch das offene Fenster in den Garten hinausgeschaut haben, während er, Riemer, die ganze Zeit unter der Tür der goetheschen Kammer gestanden sei. Goethe zu sagen, daß Wittgenstein nicht komme, habe er nicht die Kraft gehabt, so Riemer, und auch Kräuter hütete sich davor, Goethe diese entsetzliche Mitteilung zu machen, nie hätten sie beide gesagt, Wittgenstein sei längst tot. Und obwohl den Leuten um Wittgenstein Goethe unbekannt war, hatte Kräuter, um Goethe zu schonen, mehrere Male, weil er danach gefragt worden war, Goethe geantwortet: *alle kennen Goethe, alle.* Darauf sei Goethe immer recht angenehm berührt gewesen. Goethe habe Riemers Eintreten in die Kammer zuerst nicht bemerkt gehabt und ganz ruhig zu Kräuter gesagt, daß, wenn er jetzt bestimmen könne, wen von allen, die ihm *in seinem Leben* (nicht: *in seiner Existenz!*) begegnet seien, tatsächlich von allen, er sich jetzt an seinem Bett wünschte, er nur den Namen *Eckermann* aussprechen könne, was uns, Kräuter und mich, so Riemer, naturgemäß überraschte. Bei dem Namen Eckermann, den Goethe aufeinmal wieder ganz ruhig ausgesprochen habe, sei Kräuter erschrocken und habe Goethe den Rükken gekehrt. Mir war diese Bemerkung als solche wie die eines Umnachteten vorgekommen, so Riemer jetzt. *Kräuter, ist nicht Riemer da?* hat dann Goethe plötzlich gesagt, worauf Goethe einen Blick auf mich geworfen hat, so Riemer, aber anders als sonst. Mir war klar, daß dieser zweiundzwanzigste der letzte Tag Goethes sei. Acht Tage waren seitdem vergangen, daß Wittgenstein gestorben war. Nun auch er, habe ich gedacht. Kräuter gestand mir später, auch er habe diesen Gedanken in diesem Augenblick gehabt. Kräuter hat darauf Goethe wieder sofort das naßkühle Leinentuch auf die Stirn gedrückt, *auf diese abstoßende theatralische Art,* so Riemer, *die wir von Kräuter kennen. Und auch von Eckermann.* Darauf, so Riemer, habe Goethe gesagt, daß er, indem er sich so groß gemacht habe, wie er jetzt sei, alles andere neben sich und um sich vollkommen vernichtet habe. Er habe Deutschland in Wahrheit nicht erhöht, sondern vernichtet. Aber die Augen der Welt seien für diesen Gedanken blind. Er, Goethe, habe alle an sich gezogen, um sie zu zerstören, im tiefsten Sinne unglücklich zu machen. Systematisch. *Die Deutschen verehren mich, obwohl ich ihnen wie kein zweiter so schädlich bin auf Jahrhunderte.* Kräuter verbürgt sich, daß Goethe diesen Ausspruch *ganz ruhig* getan hat. Ich hatte, so Riemer, die ganze Zeit den Eindruck, Goethe habe sich einen Schauspieler des Nationaltheaters zu seinem letzten Pfleger bestellt, indem er sich letztenendes an Kräuter gebunden hat und ich dachte, während er Kräuter so an der Seite Goethes agieren sah, wie er das Tuch auf Goethes Stirn drückte, wie Krauter dastand, als Goethe sagte: *ich bin der Vernichter des Deutschen!* und gleich darauf: *ich habe aber kein schlechtes Gewissen!*, wie er Goethes Hand, weil dieser selbst nicht mehr die Kraft dazu gehabt hatte, etwas höher auf die Bettdecke legte, seinem, Kräuters Ästhetizismus entsprechend, so Riemer, aber doch nicht so, daß beide goetheschen Hände zusammengelegt wurden wie bei einem Toten, was selbst Kräuter als geschmacklos empfunden haben mußte, wie Kräuter schließlich mit einem Taschentuch eine Schweißperle aus Goethes Gesicht wischte und überhaupt eine solche widerwärtige Betulichkeit an den Tag legte, die ihn, Riemer, wenigstens treffen, wenn nicht tödlich verletzen sollte; daß möglicherweise gerade zu einem Geist wie Goethe, den wir als groß, ja wahrscheinlich sogar als den größten begreifen müssen am Ende, ein solcher verkommener Kräuter paßte, der die Niedertracht und die Scharlatanerie seiner selbst gerade an einer solchen Geistesgröße wie Goethe, wenn sie an ihrem Ende angekommen ist, auf das Entschiedenste zu steigern noch befähigt sei. Bis zum äußersten Grade des Verrats, so Riemer. *Nicht im Elefanten wohnt Wittgenstein,* soll Goethe immer noch gesagt haben, auch wie er

selbst schon auf dem Totenbett gelegen war, *sondern in meinem Haus, gleich neben meiner Kammer. Es gibt keinen andern, der dafür geeignet ist. Ich will Wittgenstein neben mir!* soll Goethe zu Riemer selbst gesagt haben. Als Goethe dann starb, eben am zweiundzwanzigsten, dachte ich sofort, was für eine Schicksalsfügung, daß Goethe genau für diesen Tag Wittgenstein zu sich nach Weimar eingeladen hatte. Was für ein Himmelszeichen. *Das Zweifelnde und das Nichtzweifelnde*, soll Goethe als Vorletztes gesagt haben. Also einen wittgensteinschen Satz. Und kurz darauf jene zwei Wörter, die seine berühmtesten sind: *Mehr Licht!* Aber tatsächlich hat Goethe als Letztes nicht *Mehr Licht*, sondern *Mehr nicht!* gesagt. Nur Riemer und ich- und Kräuter-waren dabei anwesend. Wir, Riemer, Kräuter und ich einigten uns darauf, der Welt mitzuteilen, Goethe habe *Mehr Licht* gesagt als Letztes und nicht *Mehr nicht!* An dieser Lüge als Verfälschung leide ich, nachdem Riemer und Kräuter längst daran gestorben sind, noch heute.

Vokabeln:

1. *der Feber*: 1. Februar
2. *fehlschlagen*: misslingen
3. *das oder der Kopfpolster*: der Bequemlichkeit dienende Auflage in Kopfhöhe bei Sitz- und Liegemöbeln

Arbeitsaufgaben:

1. Welche Besonderheiten finden sich im Satzbau in dieser Erzählung?
2. In dieser Erzählung stehen die Sätze hauptsächlich im Konjunktiv I. Welche Funktionen hat der Konjunktiv I im Allgemeinen? Welche Wirkung hat der Konjunktiv I in dieser Erzählung?
3. Aus welcher Erzählperspektive wird erzählt?
4. Was wissen Sie über die Ich-Figur in dieser Erzählung?
5. Recherchieren Sie, in welcher Beziehung Johann Peter Eckermann, Friedrich

Wilhelm Riemer und Theodor Kräuter zu Goethe standen.

6. Erzählen Sie kurz über das Leben von Johann Wolfgang von Goethe und Ludwig Wittgenstein.

7. Ist die Geschichte in dieser Erzählung wahrscheinlich?

8. In dem Titel „Goethe schtirbt" steckt ein Fehler. Hier verwendet der Autor die rhetorische Figur Metaplasmus. Welchen Effekt wird durch diese rhetorische Figur erzielt?

9. Recherchieren Sie die letzten Worte von Goethe. Welche Varianten gibt es bei der Überlieferung der letzten Worte von Goethe?

10. Was ist der Unterschied zwischen „Mehr Licht!" und „Mehr nicht!" (Zeile 343)?

11. In dieser Erzählung wird Goethes Tod in einer phantastischen und verzerrenden Form dargestellt. Welche literarische Form setzt Thomas Bernhard in dieser Erzählung ein?

Zusatztext 1

Behauptung

Thomas Bernhard

Ein Mann aus Augsburg ist allein deshalb in die Augsburger Irrenanstalt eingeliefert worden, weil er sein ganzes Leben bei jeder Gelegenheit behauptet hatte, Goethe habe als Letztes mehr nicht! und nicht mehr Licht! gesagt, was allen mit ihm in Berührung gekommenen Leuten mit der Zeit und auf die Dauer derartig auf die Nerven gegangen sei, daß sie sich zusammengetan hatten, um die Einweisung dieses auf so unglückliche Weise von seiner Behauptung besessenen Augsburgers in die Irrenanstalt zu erwirken. Sechs Ärzte hätten sich geweigert, den Unglücklichen in die Irrenanstalt einzuweisen, der siebente habe eine solche Einweisung sofort veranlaßt. Dieser Arzt ist, wie ich aus der Frankfurter Allgemeinen Zeitung erfahren habe, dafür mit der Goetheplakette der Stadt Frankfurt ausgezeichnet worden.

Vokabeln:

1. *die Irrenanstalt*: psychiatrische Klinik
2. *die Plakette*: kleines, flaches, mit einer Inschrift oder figürlichen Darstellung versehenes Schild zum Anstecken oder Aufkleben
3. *einliefern*: an einen entsprechenden Ort bringen und dort den zuständigen Personen zur besonderen Behandlung, zur Beaufsichtigung o. Ä. übergeben

Arbeitsaufgaben:

1. Warum wird der Mann aus Augsburg in die Irrenanstalt eingewiesen?
2. Was wird in dieser Kurzgeschichte kritisiert?
3. Wirkt diese Kurzgeschichte komisch? Warum?

Zusatztext 2

Über Adalbert Stifter[①]

Thomas Bernhard

Dieser Stifter, sagte er gestern, den ich selbst immer ungeheuerlich verehrt habe, daß es schon mehr gewesen war als Kunsthörigkeit, ist doch genauso ein schlechter Schriftsteller bei eingehender Beschäftigung wie Bruckner bei eindringlicherem Hören ein schlechter, wenn nicht gar miserabler Komponist. Stifter schreibt einen fürchterlichen Stil, der noch dazu

---

① Dieser Auszug stammt aus Thomas Bernhards Roman *Alte Meister*. Die Überschrift hat der Autor dieses Lehrbuchs gegeben.

grammatikalisch unter jeder Kritik ist, genauso ist ja auch Bruckner mit seinem chaotisch-wilden, auch noch im hohen Alter religiös-pubertären Notenrausch durchgegangen. Stifter habe ich Jahrzehnte verehrt, ohne mich tatsächlich präzise und radikal mit ihm zu beschäftigen. Als ich mich vor einem Jahr präzise und radikal mit Stifter beschäftigte, traute ich meinen Augen und Ohren nicht. Ein so fehlerhaftes und stümperhaftes Deutsch oder Österreichisch, wie Sie wollen, habe ich vorher in meinem ganzen Geistesleben nicht gelesen bei einem solchen ja heute tatsächlich gerade wegen seiner gestochenen und klaren Prosa berühmten Autor. Stifters Prosa ist alles andere als gestochen und sie ist die unklarste, die ich kenne, sie ist vollgestopft mit schiefen Bildern und falschen und verqueren Gedanken und ich wundere mich wirklich, warum dieser Provinzdilettant, der immerhin Schulrat in Oberösterreich gewesen ist, heute gerade von den Schriftstellern und vor allem von den jüngeren Schriftstellern und nicht von den unbekanntesten und unauffälligsten so hoch geehrt wird. Ich glaube, alle diese Leute haben Stifter niemals wirklich gelesen, sondern immer nur blind verehrt, haben von Stifter immer nur gehört, ihn aber niemals wirklich gelesen, wie ich. Wie ich Stifter wirklich gelesen habe vor einem Jahr, diesen *Großmeister der Prosa*, als welcher er ja auch bezeichnet wird, war ich mir selber widerwärtig in der Tatsache, diesen stümperhaften Schreiber jemals verehrt, ja geliebt zu haben. Ich habe Stifter in meiner Jugend gelesen und hatte eine auf diesen Leseerlebnissen begründete Erinnerung an ihn. Ich hatte Stifter mit zwölf und mit sechzehn Jahren gelesen, in einem für mich völlig unkritischen Zeitalter. Ich habe danach aber Stifter niemals überprüft. Stifter ist auf den längsten Strecken seiner Prosa ein unerträglicher Schwätzer, er hat einen stümperhaften und, was das Verwerflichste ist, schlampigen Stil und er ist tatsächlich außerdem auch noch der langweiligste und verlogenste Autor, den es in der deutschen Literatur gibt. Stifters Prosa, die als prägnant und präzise und klar bekannt ist, ist in Wirklichkeit verschwommen, hilf- und verantwortungslos und von einer kleinbürgerlichen Sentimentalität und kleinbürgerlichen Unbeholfenheit, daß es einem beim Lesen etwa des *Witiko* oder der *Mappe meines Urgroßvaters* den Magen umdreht. Gerade diese *Mappe meines Urgroßvaters* ist a schon in den ersten Zeilen ein stümperhafter Versuch, eine leichtfertig in die Länge gezogene, sentimentale, fade Prosa voll innerer und äußerer Fehler als ein Kunstwerk auszugeben, das doch nichts ist als ein kleinbürgerliches Linzer Machwerk. Es wäre ja auch undenkbar, daß aus dem kleinbürgerlichen Provinzloch Linz, das seit Keplers Zeiten ein tatsächlich zum Himmel schreiendes Provinzloch geblieben ist, das eine Oper hat, in der die Leute nicht singen können, ein Schauspiel, in dem die Leute nicht spielen können, Maler, die nicht malen, und Schriftsteller, die nicht schreiben können, aufeinmal ein Genie hervorgegangen wäre, als welches doch Stifter allgemein bezeichnet wird. Stifter ist kein Genie, Stifter ist ein verkrampft lebender Philister und ein ebenso verkrampft schreibender muffiger Kleinbürger als Schulmann, der nicht einmal den geringsten Anforderungen an die Sprache entsprochen hat, geschweige denn darüber hinaus befähigt gewesen wäre, Kunstwerke hervorzubringen, sagte Reger. Stifter ist, alles in allem, sagte er, geradezu eine meiner größten künstlerischen Lebensentäuschungen. Jeder dritte oder wenigstens jeder vierte Satz von Stifter ist falsch, jedes zweite oder dritte Bild in seiner Prosa ist verunglückt, und der Geist Stifters überhaupt ist, wenigstens in seinen literarischen Schriften, ein durchschnittlicher. Stifter ist in Wahrheit einer der phantasielosesten Schriftsteller, die jemals geschrieben haben und einer der anti- und unpoetischsten gleichzeitig. Aber die Leser und die literarischen Wissenschaftler sind auf diesen Stifter immer hereingefallen. Daß sich der Mann am Ende seines Lebens umgebracht hat, ändert an einer absoluten Mittelmäßigkeit nichts. Ich kenne keinen Schriftsteller auf der Welt, der so dilettantisch und stümperhaft ist und noch dazu so borniert engstirnig wie Stifter und so weltberühmt gleichzeitig. Mit Anton Bruckner ist es ähnlich, sagte Reger, der ist in seiner perversen Gottesfurcht katholizismusbesessen aus Oberösterreich nach Wien gegangen und hat sich dem Kaiser und Gott total ausgeliefert. Auch Bruckner war kein Genie. Seine Musik ist konfus und genauso unklar und genauso stümperhaft wie die Prosa von Stifter. Aber während Stifter heute, streng genommen, nurmehr noch totes Germanistenpapier ist, rührt Bruckner inzwischen alle Leute zu Tränen. Der Brucknersche Töneschwall hat die Welt erobert, kann man sagen, die Sentimentalität und die verlogene Pompösität feiern in Bruckner Triumphe. Bruckner ist ein genauso schlampiger Komponist wie Stifter ein schlampiger Schriftsteller, diese oberösterreichische Schlampigkeit haben die beiden gemeinsam. Beide machten sie eine sogenannte gottergebene und gemeingefährliche Kunst, sagte Reger. Nein, Kepler war ein toller Bursche, sagte Reger gestern, aber der war ja auch kein Oberösterreicher, sondern aus Württemberg; Adalbert Stifter und Anton Bruckner haben letzten Endes nur literarischen und kompositorischen Müll erzeugt. Wer Bach und Mozart schätzt und

Händel und Haydn, sagte er, der muß Leute wie Bruckner auf die selbstverständlichste Weise ablehnen, er muß sie nicht verachten, aber ablehnen muß er sie. Und wer Goethe schätzt und Kleist und Novalis und Schopenhauer, der muß Stifter ablehnen und er braucht auch Stifter nicht verachten. Wer Goethe liebt, kann nicht gleichzeitig Stifter lieben, Goethe hat es sich schwer, Stifter doch immer zu leicht gemacht. Das Verwerfliche ist ja, sagte Reger gestern, daß ausgerechnet Stifter ein gefürchteter Schulmann gewesen ist und noch dazu Schulmann in gehobener Position und der so schlampig geschrieben hat, wie man es einem seiner Schüler niemals hätte durchgehen lassen. Eine Seite von Stifter von einem seiner Schüler Stifter vorgelegt, wäre von Stifter total mit dem Rotstift zerkritzelt worden, sagte er, das ist die Wahrheit. Wenn wir Stifter mit dem Rotstift zu lesen anfangen, kommen wir aus dem Korrigieren nicht heraus, sagte Reger. Hier hat kein Genie zur Feder gegriffen, sagte er, sondern ein übler Stümper. Wenn es je den Begriff einer geschmacklosen, faden und sentimentalen und zwecklosen Literatur gegeben hat, so trifft er genau auf das zu, das Stifter geschrieben hat. Stifters Schreiben ist keine Kunst, und was er zu sagen hat, ist auf die widerlichste Weise unehrlich, Nicht umsonst lesen vor allem die in ihren Wohnungen gelangweilt den Tagesablauf begähnenden Beamtenweiber und -witwen Stifter, sagte er, und die Krankenschwestern in ihrer Freizeit und die Nonnen in ihren Klöstern. Ein tatsächlich denkender Mensch kann Stifter nicht lesen. Ich glaube, daß die Leute, die Stifter so hoch und so ungeheuer hoch schätzen, keine Ahnung von Stifter haben. Alle unsere Schriftsteller, ohne Ausnahme, reden und schreiben heute immer nur begeistert von Stifter und hängen ihm an, als wäre er der Schriftstellergott der Jetztzeit. Entweder diese Leute sind dumm und haben keinerlei Kunstgeschmack und verstehen von Literatur nicht das geringste, oder sie haben eben, was ich leider zuerst glauben muß, Stifter nicht gelesen, sagte er. Mit Stifter und Bruckner, hat er gesagt, dürfen Sie mir nicht kommen, jedenfalls nicht in Zusammenhang mit Kunst und was ich unter Kunst verstehe. Prosaverwischer, sagte er, der Eine, Musikverwischer der Andere. Armes Oberösterreich, sagte er, das tatsächlich glaubt, zwei der größten Genies hervorgebracht zu haben, während es doch nur zwei maßlos überschätzte Blindgänger erzeugt hat, einen literarischen und einen kompositorischen. Wenn ich bedenke, wie die österreichischen Lehrerinnen und Nonnen ihren Stifter auf dem katholischen Nachtkästchen liegen haben als Kunstikone neben ihrem Kamm

und neben ihrer Zehenschere, und wenn ich bedenke, wie die Staatsoberhäupter beim Anhören einer Brucknersymphonie in Tränen ausbrechen, wird mir übel, sagte er. […]

Vokabeln:

1. *der Dilettant*: (abwertend) Stümper
2. *der Stümper*: jmd., der schlechte Arbeit leistet, weil er sich auf einem Gebiet betätigt, das er nicht beherrscht
3. *schlampig*: sehr liederlich, nachlässig in der Arbeitsweise
4. *sentimental*: (abwertend) gefühlvoll, zu sehr gefühlsbetont, rührselig
5. *der Blindgänger*: abgeschossene Granate, Mine, Bombe, bei der die Zündung versagt und daher die Detonation nicht erfolgt

Arbeitsaufgaben:

1. Berichten Sie kurz über das Leben und Werk von Adalbert Stifter.
2. Welchen Stil hat der Schriftsteller Adalbert Stifter?
3. Welche literarischen Kunstmittel werden in diesem Auszug verwendet, um Adalbert Stifter ins Lächerliche zu ziehen?

Lektion 8

Haupttext

Die Inseln unter dem Winde

Alfred Andersch

Franz Kien war viel zu früh dran. Gestern, am späten Nachmittag, vor dem Ausgang des Deutschen Museums, hatte Sir Thomas Wilkins ihn gebeten, heute um zwei Uhr ins Hotel „Vier Jahreszeiten" zu kommen, aber es war erst ein Uhr, als er schon am Odeonsplatz aus der Trambahn stieg. Er besaß eine Mark siebzig und beschloß, im Café Rottenhöfer eine Tasse Kaffee zu trinken. Gegen Abend würde er von dem Engländer den Lohn für zwei Stadtführungen erhalten; er hoffte auf zwanzig oder dreißig Mark.

Er ging nicht direkt in die Residenzstraße hinein, in der sich das Café befand, sondern er machte den Umweg durch die Theatinerstraße und die Viscardigasse. Auf diese Weise vermied er es, an dem Mahnmal der Nationalsozialisten vorbeigehen und den Arm zum Deutschen Gruß erheben zu müssen.

Das Café war um diese Zeit fast leer. Ein paar Frauen. An einem Tisch saßen zwei SA-Leute. Franz Kien hatte nicht erwartet, hier Bekannte zu finden. Noch im vergangenen Herbst war das Café Rottenhöfer der Treffpunkt *seiner* Clique im Jugendverband gewesen. Franz Lehner, Ludwig Kessel, Gebhard Homolka und ein paar andere, dazu die Mädchen: Adelheid Sennhauser, Sophie Weber und Else Laub. Franz, Ludwig, Gebhard und alle anderen saßen noch immer in Dachau; von den Mädchen befand sich Adelheid in irgendeinem

Frauengefängnis. Franz Kien hatte einmal den Versuch gemacht, Else Laub aufzusuchen, aber ihre Mutter hatte die Wohnungstüre nur einen Spalt aufgemacht und wütend und leise zu ihm gesagt: „Was wollen Sie? Gehen Sie weg! Wir werden von der Polizei überwacht!", in einem Ton, als trage Franz Kien die Schuld an dieser Maßnahme der Gestapo. Plötzlich erblickte er Wolfgang Fischer. Er saß an einem Tisch im Hintergrund des Cafés, im Gespräch mit einem jungen Mann, den Franz Kien nicht kannte.

Erfreut ging er auf Fischer zu und streckte ihm die Hand entgegen.

„Mensch, Wolfgang!" sagte er. „Das ist ja fabelhaft, dich zu sehen!"

Wolfgang Fischer war nicht Kommunist, sondern Mitglied des Internationalen Sozialistischen Kampfbundes gewesen. Franz Kien dachte bereits ganz selbstverständlich das Wort *gewesen*, obwohl er wußte, daß kleine Überreste kommunistischer und sozialistischer Gruppen noch illegal existierten. In den Augen der Jungkommunisten war der ISK eine seltsame Sekte gewesen; die ISK-Leute aßen kein Fleisch, tranken keinen Alkohol und lebten überhaupt sehr rein. Sie waren keine Marxisten, sondern Anhänger eines Heidelberger Philosophen namens Leonard Nelson. Es war offenkundig, daß sie sich als Elite fühlten, aber sie traten zurückhaltend auf, gaben sich unauffällig, das machte sie anziehend. Sie hatten engen Kontakt mit den Jungkommunisten gehalten, waren mit ihnen gemeinsam auf Fahrten gegangen und zu ihren Versammlungen gekommen, um zu diskutieren.

Wolfgang Fischer hob den Kopf und sah ihn an. Er ergriff Franz Kiens Hand nicht.

„Ja, nicht wahr", sagte er, „es ist fabelhaft, einen Juden zu sehen?"

Wolfgang Fischer war ein paar Jahre älter als Franz Kien. Er studierte an der Münchner Universität Chemie. Er war ein nicht ganz mittelgroßer, kraftvoll rechteckig gebauter Mann mit kurzgeschnittenen fuchsroten Haaren und der rötlichen, sommersprossigen Haut der Rothaarigen. Alles an ihm war hart: die kleinen blauen Augen mit den roten Brauen darüber, die Art, wie sich seine Haut fest über seine Muskeln und Knochen spannte. Er hatte als Langstreckenläufer eine Rolle im Arbeitersport gespielt; Franz Kien hatte einmal zugesehen, wie er die zehntausend Meter lief; er lief sie wie eine Maschine, zog nur während der letzten fünfhundert Meter das Tempo an, um alle anderen, die schon eine oder mehr Runden zurücklagen, noch einmal zu überrunden, ehe er, ohne ein Zeichen der Erschöpfung zu zeigen, den Lauf beendete. Sozialist war er aus ethischer Überzeugung. Im Gespräch mit Franz Kien vertrat er die Ansicht, der Sozialismus werde siegen, nicht weil er sich aus dialektischen Prozessen zwangsläufig entwickeln würde, sondern weil er im Recht begründet sei. Sachlich, bescheiden, ruhig trug er Franz Kien einen Extrakt aus den Lehren Kants und Leonard Nelsons vor. Franz Kien, achtzehn Jahre alt, Anfänger in Marxismus, war ihm in der Diskussion nicht gewachsen; er hatte nur gefühlt, daß, wenn Wolfgang Fischer recht hatte, die Entscheidung für den Sozialismus eine reine Willensentscheidung war, und vom reinen Willen hielt er instinktiv nicht viel. Aber er fühlte sich zu Wolfgang Fischer hingezogen: zu diesem energischen Willensmenschen, der sich geduldig, freundlich, leise mit ihm befaßte.

Einen Satz wie diesen hätte er niemals von ihm erwartet. Er war so überrascht, daß er nicht wußte, was er erwidern sollte. Langsam zog er seine Hand zurück, während er spürte, wie sein Gesicht vor Verlegenheit rot wurde.

„Wie meinst du das denn?" fragte er schließlich.

Er hatte sich auf den freien Stuhl am Tisch setzen wollen. Das hatte er für ganz selbstverständlich gehalten.

„Wie ich das meine?" Der Ton, in dem Wolfgang Fischer mit ihm sprach, war Franz Kien völlig neu. „Spiel doch nicht den Ahnungslosen! Ihr Deutschen seid euch doch jetzt alle einig über uns Juden."

Er sprach jetzt an Franz Kien vorbei, sah ihn nicht mehr an. Aus irgendeinem Grund, den er sich erst später erklären konnte, brachte Franz Kien es nicht fertig, ihm zu erzählen, daß er das Frühjahr im KZ zugebracht hatte und sich noch immer jede Woche einmal bei der Gestapo melden mußte.

Vielleicht, dachte er, wäre es möglich, Wolfgang Fischer davon zu erzählen, wenn er bei ihm am Tisch säße. Aber so, im Stehen, das Gesicht von Blut übergossen, brachte er nur die Worte heraus: „Ich glaube, du spinnst!"

„Zu einem Juden kann man das ja jetzt sagen", antwortete Wolfgang Fischer unverzüglich. Er deutete mit einer Schulterbewegung auf den jungen Mann, der neben ihm saß und ein ratloses Gesicht machte, weil ihm die Szene offensichtlich peinlich war. „Ich bitte dich, zu verschwinden. Wir gehen in den nächsten Tagen nach Palästina und haben noch viel zu

75 besprechen."

Franz Kien wandte sich jäh um und ging hinaus. In seiner Verwirrung bog er zuerst nach links ab, aber er sah noch rechtzeitig die SS-Männer, die unbeweglich neben dem Mahnmal standen, und kehrte um. Während er die Residenzstraße in Richtung Franz-Joseph-Platz entlangging, erinnerte er sich daran, daß er eigentlich eine Tasse Kaffee hatte trinken wollen. Statt dessen
80 hatte ihn Fischer aus dem Café Rottenhöfer gejagt. Nach und nach fiel ihm ein, was er ihm hätte erwidern können. Beispielsweise hätte er zu Fischer sagen können: „Die ISK-Leute hat man nicht verhaftet. In Dachau sind keine ISK-Leute. Nicht einmal jüdische ISK-Leute. In Dachau sind nur Kommunisten, Kommunisten, Kommunisten." Dann erinnerte er sich an die bürgerlichen Juden aus Nürnberg, die auch schon in Dachau waren.

85 Er ging in ein anderes Café, in dem er noch nie gewesen war. Es lag gegenüber dem Hoftheater und bestand aus einem einzigen winzigen Raum. Er hätte zu seiner Tasse Kaffee gern ein Stück Bienenstich gegessen, aber dazu reichte sein Geld nicht. Damals war er noch Nichtraucher. Nach einiger Zeit gelang es ihm, über den Vorfall mit Wolfgang Fischer den Kopf zu schütteln. Das war ja irre, einfach irre! Nachdem er den Kaffee getrunken hatte, spürte er, weil ihm der
90 Kuchen versagt geblieben war, einen schwachen, aber nagenden Appetit, zu dem eigentlich kein Anlaß bestand, denn er hatte zu Hause ausreichend zu Mittag gegessen. Er wußte, daß er den ganzen Nachmittag, während er mit Sir Thomas Wilkins in der Stadt herumzugehen hatte, dieses Hungergefühl spüren würde. Er würde die ganze Zeit über hoffen, daß Wilkins die Stadtführung unterbrechen und ihn zu Tee und Kuchen einladen würde. In der Bäckerei
95 neben dem Franziskaner kaufte er zwei Semmeln und aß sie, in einem Hausgang stehend, auf. Danach fühlte er sich satt.

„Engländer, die den Titel ‚Sir' tragen, werden immer mit diesem Titel und dem Vornamen angeredet", hatte ihm sein Bruder eingeschärft. Infolgedessen hatte Franz Kien es gestern im Deutschen Museum vermieden, im Gespräch mit Sir Thomas Wilkins die direkte Anrede zu
100 gebrauchen. Sir Thomas Wilkins hatte vorgestern bei Franz Kiens älterem Bruder eine Wagner-Partitur gekauft und ihn dabei gefragt, ob er einen Studenten oder irgendeinen gebildeten jungen Mann kenne, der ihm München zeigen könne. Franz Kiens Bruder hatte eine Stellung in einem Musikaliengeschäft in der Maximilianstraße, während Franz Kien immer noch

arbeitslos war. Er war seit drei Jahren arbeitslos.

„Ich habe keinen blassen Schimmer, wie man jemand München zeigt", hatte er eingewendet. „Und ich kann nicht Englisch."

„Der Herr spricht Deutsch", hatte sein Bruder erwidert.

„Und du kennst München sehr gut. Nimm dich zusammen! Sir Thomas ist hoher englischer Kolonialbeamter. So jemand lernst du nicht alle Tage kennen. Außerdem ist es eine Gelegenheit," Man sagte damals noch *Gelegenheit*, nicht *job*. Danach war die Belehrung über die Anrede gekommen. Franz Kien merkte seinem Bruder an, daß er am liebsten selber die Begleitung des Engländers übernommen hätte.

„Ich hab aber keine Lust", sagte er.

„Ich hab dich schon angemeldet", erwiderte sein Bruder.

„Morgen vormittag um elf im ‚Vier Jahreszeiten'." Er sah seinen jüngeren Bruder prüfend an. „Deine Haare sind wieder lang genug. Kein Mensch kann dir etwas ansehen."

Franz Kiens Haare waren ihm in Dachau abrasiert worden, und es hatte merkwürdig lang gedauert, fast den ganzen Sommer, bis sie wieder gewachsen waren.

Er hatte den ganzen Abend darüber nachgedacht, wie man jemandem München zeigen könne, aber es war ihm nichts eingefallen; er war wie vernagelt gewesen.

Unbeholfen hatte er vor dem Fremden einige Möglichkeiten ausgebreitet, die Stadt zu besichtigen. Wilkins hatte plötzlich den Kopf gehoben, durch ein Fenster der Hotelhalle in den Regen hinausgesehen und erklärt, er wolle ins Deutsche Museum. Übrigens hatte sich herausgestellt, daß er schon ein paarmal in München gewesen war, wenn auch zuletzt in den zwanziger Jahren. Er sprach so sachkundig von München, daß Franz Kien sich fragte, warum er überhaupt einen Führer brauchte. Obwohl bei dem Regen tatsächlich nichts anderes zu machen war, hatte Franz Kien doch den Eindruck, als wolle ihm der Engländer aus seiner Verlegenheit helfen. Er war erleichtert, begann, sich zu verabschieden, weil zu einem Museumsbesuch ja nun wirklich kein Begleiter nötig sei, aber der alte Herr sagte freundlich und bestimmt, sie würden natürlich zusammen ins Museum gehen, Er bestellte ein Taxi. Franz Kien fuhr zum erstenmal seit sehr langer Zeit in einem Taxi. Er war froh darüber, daß Wilkins keine Lust hatte, die Bergwerke zu besichtigen. Es war langweilig, im Deutschen Museum durch die Bergwerke zu laufen. Wilkins erklärte ihm die Wattsche Balanciermaschine mit Wasserpumpe von 1813, den Vorgang der Gewinnung von reinem Stahl in der Bessemer-Birne sowie einige andere naturwissenschaftliche Prozesse, von denen Franz Kien keine Ahnung hatte. Er sprach ein ausgezeichnetes Deutsch, wenn auch mit englischem Akzent. Er sagte, er habe im Jahre 1888 in Dresden studiert. Im Herbst 1933 erschien Franz Kien die Jahreszahl 1888 wie eine Sage.

Um zwei Uhr schlug Wilkins vor, etwas essen zu gehen. Er wolle „in einem Münchner Gasthaus etwas Münchnerisches essen", meinte er, „Leberkäs oder Schweinswürstl", zwei Gerichte, an die er sich erinnerte. Franz Kien überlegte; in der Nähe des Museums war schwer etwas zu finden; dann fiel ihm eine Wirtschaft am Paulanerplatz ein, die ein Parteilokal gewesen war. Unter dem großen schwarzen Schirm des Engländers gingen sie zusammen im Regen über eine Brücke, unter der die Isar grün schäumte, und durch einige Straßen der Vorstadt Au. Die Wirtschaft war um diese Zeit völlig leer. Der Wirt erkannte Franz Kien wieder und sagte „So, bist du wieder da!", aber mehr auch nicht. Vielleicht war es ihm so unangenehm wie Else Laubs Mutter, daß Franz Kien wieder da war, aber er ließ es sich nicht anmerken, berührte nur einfach das Thema nicht weiter, und Franz Kien war es natürlich recht, daß er in Anwesenheit des Engländers keine Fragen stellte.

Es gab weder Leberkäse noch Schweinswürste, aber der Wirt hatte frische Milzwurst in der Küche, und so aßen sie an dem gescheuerten Tisch gebackene Milzwurst mit Kartoffelsalat und tranken Bier dazu. Beim Essen erzählte Sir Thomas Wilkins, er sei zuletzt Zivilgouverneur von Malta gewesen, vorher Gouverneur der Windward-Inseln, und davor Richter in Ostafrika. Er schien großen Wert darauf zu legen, daß Franz Kien den Unterschied zwischen einem Zivilgouverneur und einem Militärgouverneur begriff. Am längsten sprach er über die Windward-Inseln. „Ich hatte mein Haus in St. George's, Grenada", erzählte er, „und fuhr auf meiner Yacht von einer Insel zur anderen. Aber es gab wenig zu tun. Wenig Streitigkeiten." Er schwieg, schien zu träumen. „Aber sehr heiß ist es dort", fügte er dann hinzu, „Meine Schwester strickte immer, und wenn ihr der Knäuel Wolle auf den Boden fiel und ich mich bückte, um ihn aufzuheben, war ich in Schweiß gebadet."

Die Erwähnung der Schwester fand Franz Kien so merkwürdig, daß er es wagte, Wilkins zu fragen, ob er verheiratet sei.

„Oh, natürlich", antwortete Wilkins bereitwillig. „Ich habe zwei Kinder. Sie sind erwachsen. Meine Frau lebt in London. Wir sehen uns manchmal. Seit ein paar Jahren führt meine Schwester mir den Haushalt."

Beiläufig, doch ohne Ironie, erläuterte er: „Man muß unbedingt einmal verheiratet gewesen sein. Aber man braucht es nicht bis an sein Lebensende zu bleiben."

Sie gingen wieder ins Museum zurück. Wilkins war begeistert von den Planetarien. Er ging immer wieder zwischen dem ptolemäischen und dem kopernikanischen Planetarium hin und her, erklärte Franz Kien die Unterschiede und stellte sich mit ihm zusammen auf den Wagen, mit dem man unter einem beweglichen Modell der Erdbahn folgen konnte. Franz Kien hatte den Planetarien im Deutschen Museum bisher nie viel abgewinnen können. Trotz der Schwärze und der Lichteffekte, die in ihnen herrschten, fand er die Räume eigentlich nüchtern, langweilig. Auch hatte er sich noch nie für das Auffinden von Sternbildern am nächtlichen Himmel interessiert. Seit seinem sechzehnten Lebensjahr hatte er sich fast ausschließlich mit Politik beschäftigt. Er war Arbeitsloser. In Dachau war es den Gefangenen verboten gewesen, nach Eintritt der Dunkelheit die Baracken zu verlassen.

Am Abend holte er den Atlas hervor und suchte die Windward-Inseln. Er stellte fest, daß sie in seinem deutschen Atlas als „Inseln unter dem Winde" bezeichnet wurden. Sie bildeten den südlichsten Archipel der Kleinen Antillen.

Er hatte sich vorgenommen, Wilkins heute mit den Worten „Guten Tag, Sir Thomas!" zu begrüßen, aber als der Engländer in die Hotelhalle kam, brachte er wieder nur eine stumme Verbeugung zustande. Wilkins hatte ihn, ohne daß es herablassend klang, ganz einfach *Franz* genannt.

„Was zeigen Sie mir heute, Franz?" fragte er jetzt.

„Als ob ich Ihnen gestern was gezeigt hätte!" sagte Franz Kien. „Sie haben mir das Deutsche Museum gezeigt."

Wilkins lächelte. „Heute ist schönes Wetter", sagte er, „heute sind Sie dran."

Der Tag war wirklich sehr schön, ein früher Nachmittag im späten September. Franz Kien führte Wilkins durch fast verlassene und schmale Straßen, die gleich hinter dem Hotel begannen, zur Kirche Sankt Anna im Lehel. Er wußte nicht, ob Wilkins sich für Kirchen oder Kunst interessierte, aber er hatte sich entschlossen, dem Fremden ein paar Dinge zu zeigen, die ihm, Franz Kien, in seiner Heimatstadt gefielen. In der Kirche redete er wie ein Reiseführer über Johann Michael Fischer und die Brüder Asam. Er konnte nicht feststellen, wie das bairische Barock auf den Engländer wirkte. Auf einen Mann, der Wagner Partituren kaufte! Sir Thomas Wilkins setzte sich in dem ovalen Raum auf eine Kirchenbank, betrachtete aber nicht eigentlich die Asam Fresken, sondern blickte geradeaus. Franz Kien blieb neben der Bank stehen und wartete. Der Engländer mußte seine langen Gliedmaßen zusammenklappen, um in der engen Bank Platz zu finden. Er trug einen grauen englischen Bart über der Oberlippe. Sogar jetzt, im Zustande leichter Abwesenheit, blickten seine Augen noch freundlich. Weiter vorn kniete eine Frau.

Durch die Galeriestraße klingelte eine blaue Trambahn. Sie gelangten in den Hofgarten, in dem die Linden damals noch nicht gefällt waren. Der Musikpavillon verwitterte gelb unter dem Spätsommerlaub. Sie gingen unter den Arkaden entlang, und Franz Kien blieb vor den Rottmann-Fresken stehen. Die griechischen Landschaften vergingen in Flächen aus dämmerndem Blau, Braun und Rot. Es war ihnen anzusehen, daß sie nicht mehr lange halten würden. Wilkins sagte, Griechenland sei tatsächlich so. Er erzählte von Ausflügen, die er von Malta aus zu den griechischen Inseln gemacht hatte.

Sie traten auf den Odeonsplatz hinaus, an den Wilkins sich gut erinnern konnte. Dort erblickten sie zum erstenmal wieder SA-Männer in ihren braunen Uniformen. Auch im Deutschen Museum waren welche gewesen. Franz Kien hatte erwartet, daß Wilkins etwas über sie bemerken, vielleicht sogar die politischen Verhältnisse in Deutschland betreffende Fragen stellen würde, aber er hatte nichts gesagt. Er hatte Franz Kien gefragt, wie lange er schon arbeitslos sei.

„Auch in England haben wir eine schwere Wirtschaftskrise", hatte er gesagt, nachdem Franz Kien ihm Auskunft gegeben hatte. „Aber sie ist jetzt im Abflauen. Es wird bald besser werden, überall. Sie werden bald Arbeit finden." Er schien die braunen und schwarzen Uniformen zu betrachten, wie er alles betrachtete, gleichmütig und geraden Blicks. Franz Kien fragte sich die ganze Zeit, ob er ihm von seinem Aufenthalt in Dachau berichten solle, aber er konnte sich nicht dazu entschließen.

Es gelang ihm, ihn an der Feldherrenhalle vorbei in die Theatinerstraße zu lotsen, ohne daß Wilkins des Mahnmals ansichtig wurde. An der Perusastraße angekommen, blieb er stehen und sagte: „Wenn wir geradeaus weitergehen, kommen wir zum Rathaus. Es ist scheußlich. Und wenn wir rechts abbiegen, kommen wir zur Frauenkirche." Nach einigem Zögern fügte er hinzu: „Sie ist eigentlich auch scheußlich. Wollen Sie sie sehen?"

Wilkins lache. „Nein, natürlich nicht, wenn sie scheußlich ist", sagte er. „Zeigen Sie mir etwas Schönes!"

Franz Kien führte ihn durch die Perusastraße und an der Hauptpost vorbei in den Alten Hof. Er war schon lange nicht mehr im Alten Hof gewesen und hatte ihn bedeutender, geheimnisvoller in Erinnerung, als er in Wirklichkeit war. In Wirklichkeit war der Alte Hof doch nicht mehr als ein Geviert aus Häusern, die wie ältere, relativ anständig gebaute Mietshäuser aussahen, in denen Behörden untergebracht waren. Immerhin gab es den Erker mit dem „Goldenen Dach". Franz Kien stand verlegen neben Wilkins. Er hatte das Gefühl, sich blamiert zu haben, obwohl Wilkins den Alten Hof hübsch fand und sagte, die Häuser erinnerten ihn an gewisse mittelalterliche Häuser in Edinburgh. Vielleicht dieser Unsicherheit wegen, die ihn verwirrte, trat er mit Wilkins auf den näher gelegenen Franz-Joseph-Platz hinaus, anstatt ihn, wie er es eigentlich vorgehabt hatte, zum Alten Rathaus und über den Viktualienmarkt zu führen. Zu seinem Bedauern begann Wilkins sich dort für die Residenz zu interessieren; er betrachtete ihre Südfassade, und Franz Kien konnte ihn nicht daran hindern, ihre Westseite entlangzugehen.

Als sie bis vis-à-vis zum Café Rottenhöfer gekommen waren, blieb Franz Kien stehen. Er deutete auf die andere Straßenseite hinüber und sagte: „Das da ist das Preysing-Palais. Es ist das schönste Rokokopalais in München. Weiter vorn, an der Mauer der Feldherrnhalle, haben die Nationalsozialisten eine Gedenktafel angebracht. Dort, wo die SS-Männer stehen."

Wilkins betrachtete die Vedute des Ausgangs der Residenzstraße, an deren linker Seite die Szene mit den beiden unbeweglichen Figuren aufgebaut war. Sogar ihre Stahlhelme waren schwarz.

„Gedenktafel?" fragte er. „Woran soll sie erinnern?" „An den Hitlerputsch 1923", sagte Franz Kien. „Damals haben die Nationalsozialisten zum erstenmal versucht, die Macht zu erobern. Sie machten einen Demonstrationszug, und die Polizei schoß hier auf sie. Es gab ein paar Tote."

„Ich erinnere mich", sagte Wilkins. „Auch General Ludendorff hat sich daran beteiligt, nicht wahr?"

„Ja." Franz Kien wußte nicht, ob seine Stimme spöttisch klang, als er sagte: „Er ist der einzige gewesen, der aufrecht stehen blieb, als die Polizei feuerte."

„Die Polizisten hatten sicher Anweisung, nicht auf ihn zu feuern", sagte Wilkins. Er fügte hinzu: „Ich möchte damit nicht sagen, daß General Ludendorff kein tapferer Mann ist."

Franz Kien sah zum Eingang des Café Rottenhöfer hinüber. Wolfgang Fischer war sicherlich längst fortgegangen. Franz Kien hätte Sir Thomas Wilkins von der Nacht des Hitlerputsches erzählen können. Sein Vater hatte mitten in der Nacht die Uniform eines Infanterie-Hauptmanns angezogen und war fortgegangen, um sich als Anhänger des Generals Ludendorff am Hitlerputsch zu beteiligen. Wie grau und leblos die Wohnung, eine Mietwohnung in einer bürgerlichen Vorstadt, zurückgeblieben war! Franz Kien war damals neun Jahre alt gewesen. In jener Nacht hatte er gehofft, sein Vater würde als Sieger zurückkehren, den nachtblinden Garderobenspiegel im Flur mit Leben füllen. Aber als er nach drei Tagen zurückgekommen war, hatte er schweigend seine Uniform ausgezogen. Ein paar Jahre später war er gestorben. Er hatte noch erlebt, wie Franz Jungkommunist wurde. Franz dachte an seinen toten Vater. Was würde sein Vater zu Dachau gesagt haben? Er gab sich manchmal der Täuschung hin, sein Vater würde Dachau nicht gebilligt haben, besonders nicht, wenn er durch ihn, seinen Sohn, erfahren hätte, was dort geschah. Aber sein Vater hatte die Juden gehaßt. Er war ein Antisemit à la Ludendorff gewesen. Und Wolfgang Fischer würde nun also auswandern, nach Palästina.

„Alle Leute grüßen die Tafel, wie ich sehe", sagte Wilkins.

„Es ist Befehl", erwiderte Franz Kien.

Da er es für selbstverständlich hielt, daß der Engländer keine Lust haben würde, das Mahnmal zu passieren, wies er zur Viscardigasse hinüber.

„Wir brauchen da nicht vorbeizugehen", erklärte er ihm.

„Alle, die nicht grüßen wollen, gehen durch diese Gasse zum Odeonsplatz. Es ist nur ein kleiner Umweg."

Er versuchte ein Lächeln, als er sagte: „Die Gasse heißt in ganz München das Drückebergergäßlein."

Lektion 8

„Drückebergergäßlein?" wiederholte Wilkins. „Ah, ich verstehe."
Nach kurzem Nachdenken sagte er: „Nein, ich möchte doch lieber geradeaus weitergehen."
Erst einige Zeit später, immer wieder seine Erinnerung an den Nachmittag mit Sir Thomas Wilkins prüfend, machte Franz Kien sich klar, daß er in diesem Augenblick mit der Sprache hätte herausrücken müssen. Vielleicht hätte er nur zu sagen brauchen: „Entschuldigen Sie, wenn ich Sie das kurze Stück nicht begleite. Wir sehen uns gleich wieder auf dem Odeonsplatz." Vielleicht, nein sicher, hätte Wilkins sofort begriffen und entweder keine Fragen weiter gestellt oder ihn ausgefragt. Franz Kien hatte allerdings keine Ahnung, wie Wilkins auf seine Mitteilungen reagieren würde. Es war ja möglich, daß er die Herrschaft der Nationalsozialisten in Deutschland ganz in Ordnung fand. Es war nicht ausgeschlossen, daß er mit ihnen sympathisierte. Für die Kommunisten hatte er sicherlich nichts übrig.
Aber Franz Kien war nicht geistesgegenwärtig genug gewesen. Er hatte weiter geschwiegen und war infolgedessen gezwungen gewesen, neben Wilkins weiterzugehen. Anstatt geistesgegenwärtig zu sein und auszupacken, hatte er die müßige Überlegung angestellt, was geschehen würde, wenn Wilkins, am Mahnmal vorbeigehend, nicht den Arm zum Gruß erhöbe. Franz Kien wußte, daß dann die beiden Gestapo-Beamten in Zivil, die in der Toreinfahrt zur Residenz gegenüber der Tafel standen, auf Wilkins zutreten und ihn zur Rede stellen würden, um sich unter Entschuldigungen zurückzuziehen, wenn dieser hoffentlich so hochmütig wie möglich! – seinen englischen Paß vorgewiesen hätte. Die Überlegung war müßig, denn noch während Franz Kien sich den billigen kleinen Triumph ausmalte, sah er bereits, wie der Engländer seinen rechten Arm zum Deutschen Gruß erhob und ausstreckte. Er tat es ihm nach, ganz mechanisch übrigens, wobei er nicht zu der Tafel auf der anderen Straßenseite hinüber blickte, sondern, zur Linken von Wilkins gehend, dessen Gesicht beobachtete. Er stellte fest, daß es den gleichen Ausdruck von Ausdruckslosigkeit annahm, den es in der Sankt-Anna-Kirche im Lehel gezeigt hatte, während der Minuten, die Wilkins in einer Kirchenbank zubrachte, mit zusammengeklappten Gliedmaßen und geradeaus gerichtetem Blick.
Sie ließen gleichzeitig die Arme sinken. Wilkins schlug vor, im Annast den Tee zu nehmen. Sie bekamen einen Fensterplatz, mit Blick auf die Theatinerkirche und die Einmündung der Briennerstraße.

Während Franz Kien noch überlegte, ob der Engländer vielleicht deshalb den Deutschen Gruß entrichtet hatte, weil es ihm als eines Gentleman unwürdig erschien, durch das Drückebergergäßlein zu gehen, hörte er, wie Wilkins sagte: „Ich mache in einem fremden Land gerne alles, was die Bewohner machen. Man versteht sie besser, wenn man ihre Sitten annimmt."

„Ich habe gehört", sagte Franz Kien, „die Engländer blieben Engländer, wo sie auch hinkämen."

„O ja, wir bleiben Engländer", sagte Wilkins. „Wir wollen nur verstehen."

Franz Kien betrachtete den ehemaligen Zivilgouverneur von Malta, Gouverneur der Windward-Inseln, Richter in Ostafrika. Ein Engländer, der mit ausdruckslosem Gesicht die Sitten der Eingeborenen studierte. Die Sitten der Eingeborenen von Malta und den Windward-Inseln, von Ostafrika und München. Dieser hier wollte wahrscheinlich nicht einmal mehr herrschen. Es genügte ihm, mit seiner Gouverneursyacht von einer Insel zur anderen zu fahren und Streitigkeiten zu schlichten, wenn man ihn darum bat. Vermutlich konnte er sich keinen Streit vorstellen, der nicht zu schlichten war. Es hätte keinen Zweck gehabt, ihm von Dachau zu erzählen.

Es hätte doch Zweck gehabt, dachte Franz Kien, als es zu spät war. Sir Thomas Wilkins hätte wahrscheinlich aus dem, was er ihm erzählt haben würde, einen vertraulichen Bericht an seine Regierung gemacht.

Wilkins schob ihm einen zusammengefalteten Hundertmarkschein hin.

„Das ist zu viel", sagte Franz Kien.

„Es ist nicht zu viel", erwiderte Wilkins in dem gleichen Ton, in dem er bestimmt hatte, daß Franz Kien ihn ins Deutsche Museum begleitete. Er reichte Franz Kien seine Karte. Darauf stand nur sein Name, und in der rechten Ecke: St. James's Club, London S.W.1.

„Ich bin viel unterwegs", sagte er. „Falls Sie mir einmal schreiben wollen, Franz – unter dieser Adresse erreichen mich alle Briefe."

Franz Kien schrieb ihm nie. Nach dem Krieg, als er zum erstenmal in London war, suchte er den St. James's Club auf. Der Mann am Empfang holte das Register des Clubs herbei, dann sagte er: „Es tut mir leid, Sir, aber Sir Thomas Wilkins ist am 5. März 1941 gestorben."

Lektion 8

Auch Franz Kien tat es leid. Auf den St. James Square hinaustretend, konnte er sich vorstellen, wie Sir Thomas – jetzt nannte er ihn im Geiste so – an der runden Gartenanlage inmitten des Platzes entlangging, bis er an der Öffnung zur Pall Mall seinen Blicken entschwand. Auf ganz ähnliche Weise war er damals in München fortgegangen, durch die Anlage auf dem Promenadeplatz, ein hochgewachsener alter Herr in einem dünnen Regenmantel, der einen 340
eng gerollten schwarzen Schirm trug. Franz Kien war mit der Trambahn nach Hause gefahren. Er hatte noch einmal den Atlas hervorgeholt und versucht, sich den Wind vorzustellen, der so stark war, daß er den Inseln, die unter ihm lagen, trotz der Hitze, die dort herrschte, den Namen gab.

Vokabeln:

1. *die Trambahn*: Synonym zu Straßenbahn
2. *das Mahnmal*: Denkmal, das an ein (sittlich zu verurteilendes) historisches Ereignis, insbesondere an ein völkerrechtliches Verbrechen o.Ä. erinnert und nachfolgenden Generationen als Mahnung dienen soll
3. *die Sekte*: kleinere Gruppe von Menschen, die eine selbstständige politische, aber unbedeutende Gruppierung bildet
4. *die Partitur*: Aufzeichnung sämtlicher vokalen und instrumentalen Stimmen einer Komposition Takt für Takt untereinander
5. *die Vedute*: naturgetreue Darstellung einer Landschaft, einer Stadt, eines Platzes o. Ä. in Malerei und Grafik

Arbeitsaufgaben:

1. Welche Orte in München haben Franz Kien und Thomas Wilkins am zweiten Tag besichtigt? Suchen Sie im Internet nach einer Karte der Münchner Altstadt und markieren Sie darauf den Weg, den Franz Kien und Thomas Wilkins genommen haben, und die Orte, die sie besichtigt haben.

2. Was bedeuten die Abkürzungen „SA" und „Gestapo"?
3. Informieren Sie sich über den Hitlerputsch 1923 und erzählen Sie darüber in der Gruppe.
4. Im Text wird ein „Mahnmal der Nationalsozialisten" (Zeile 9) genannt. Auf welches Mahnmal bezieht sich der Text?
5. Was bedeutet das Wort Drückeberger? Warum heißt die Viscardigasse Drückebergergasse (Zeile 277)?
6. Der Ort „Dachau" kommt in dieser Kurzgeschichte ein paar Mal vor. Was wissen Sie über den Ort Dachau?
7. Wann könnte die Geschichte spielen? Welche Hinweise finden sich im Text?
8. Warum erhebt Thomas Wilkins seinen rechten Arm zum Deutschen Gruß?
9. Was wissen Sie über die Figur Franz Kien?
10. Wie wird die gesellschaftliche und politische Situation von damals in dieser Kurzgeschichte geschildert?
11. Was bedeutet der Satz, „Ihr Deutschen seid euch doch jetzt alle einig über uns Juden."? (Zeile 62/63)
12. Was wissen Sie über die Figur Thomas Wilkins?
13. Warum heißt diese Kurzgeschichte *Die Inseln unter dem Winde*?

Zusatztext 1

Saisonbeginn

Elisabeth Langgässer

Die Arbeiter kamen mit ihrem Schild und einem hölzernen Pfosten, auf den es genagelt werden sollte, zu dem Eingang der Ortschaft, die hoch in den Bergen an der letzten Passkehre lag. Es war ein heißer Spätfrühlingstag, die Schneegrenze hatte sich schon hinauf zu den

Gletscherwänden gezogen.

Überall standen die Wiesen wieder in Saft und Kraft; die Wucherblume verschwendete sich, der Löwenzahn strotzte und blähte sein Haupt über den milchigen Stengeln; Trollblumen, welche wie eingefettet mit gelber Sahne waren, platzten vor Glück, und in strahlenden Tümpeln kleinblütiger Enziane spiegelte sich ein Himmel von unwahrscheinlichem Blau. Auch die Häuser und Gasthöfe waren wie neu: ihre Fensterläden frisch angestrichen, die Schindeldächer gut ausgebessert, die Scherenzäune ergänzt. Ein Atemzug noch: dann würden die Fremden, die Sommergäste kommen, die Lehrerinnen, die mutigen Sachsen, die Kinderreichen, die Alpinisten, aber vor allem die Autobesitzer in ihren großen Wagen…Ford und Mercedes, Fiat und Opel, blitzend von Chrom und Glas. Das Geld würde anrollen. Alles war darauf vorbereitet. Ein Schild kam zum anderen, die Haarnadelkurve zu dem Totenkopf, Kilometerschilder und Schilder für Fußgänger: Zwei Minuten zum Café Alpenrose. An der Stelle, wo die Männer den Pfosten in die Erde einrammen wollten, stand ein Holzkreuz, über dem Kopf des Christus war auch ein Schild angebracht. Seine Inschrift war bis heute die gleiche, wie sie Pilatus entworfen hatte: J. N. R. J., die Enttäuschung darüber, dass es im Grunde hätte heißen sollen: er behauptet nur, dieser König zu sein, hatte im Lauf der Jahrhunderte an Heftigkeit eingebüßt. Die beiden Männer, welche den Posten, das Schild und die große Schaufel, um den Pfosten in die Erde zu graben, auf ihren Schultern trugen, setzten alles unter dem Wegkreuz ab; der dritte stellte den Werkzeugkasten, Hammer, Zange und Nägel daneben und spuckte ermunternd aus.

Nun beratschlagten die drei Männer, an welcher Stelle die Inschrift des Schildes am besten zur Geltung käme; sie sollte für alle, welche das Dorf auf dem breiten Passweg betraten, besser: befuhren, als Blickfang dienen und nicht zu verfehlen sein. Man kam also überein, das Schild kurz vor dem Wegekreuz anzubringen, gewissermaßen als Gruß, den die Ortschaft jedem Fremden entgegenschickte. Leider stellt sich aber heraus, dass der Pfosten dann in den Pflasterbelag einer Tankstelle hätte gesetzt werden müssen, eine Sache, die sich selbst verbot, da die Wagen, besonders die größeren, dann am Wenden behindert waren. Die Männer schleppten also den Pfosten noch ein Stück weiter hinaus bis zu der Gemeindewiese und wollten schon mit der Arbeit beginnen, als ihnen auffiel, dass diese Stelle bereits zu weit von dem Ortsschild entfernt war, das den Namen angab und die Gemeinde, zu welcher der Flecken gehörte. Wenn also das Dorf den Vorzug dieses Schildes und seiner Inschrift für sich beanspruchen wollte, musste das Schild wieder näher rücken am besten gerade dem Kreuz gegenüber, so dass Wagen und Fußgänger zwischen beiden hätten passieren müssen. Dieser Vorschlag, von dem Mann mit den Nägeln und dem Hammer gemacht, fand Beifall. Die beiden anderen luden von neuem den Pfosten auf ihre Schultern und schleppten ihn vor das Kreuz. Nun sollte also das Schild mit der Inschrift zu dem Wegekreuz senkrecht stehen; doch zeigte es sich, dass die uralte Buche, welche gerade hier ihre Äste mit riesiger Spanne nach beiden Seiten wie eine Mantelmadonna ihren Umhang entfaltete, die Inschrift im Sommer verdeckt und ihr Schattenspiel deren Bedeutung verwischt, aber mindestens abgeschwächt hätte. Es blieb daher nur noch die andere Seite neben dem Herrenkreuz, und da die erste, die in das Pflaster der Tankstelle überging, gewissermaßen den Platz des Schächers zur Linken bezeichnet hätte, wurde jetzt der Platz zur Rechten gewählt und endgültig beibehalten. Zwei Männer hoben die Erde aus, der dritte nagelte rasch das Schild mit wuchtigen Schlägen auf; dann stellten sie den Pfosten gemeinsam in die Grube und rammten ihn rings von allen Seiten mit größeren Feldsteinen an.

Ihre Tätigkeit blieb nicht unbeobachtet. Schulkinder machten sich gegenseitig die Ehre streitig, dabei zu helfen, den Hammer, die Nägel hinzureichen und passende Steine zu suchen; auch einige Frauen blieben stehen, um die Inschrift genau zu studieren. Zwei Nonnen, welche die Blumenvase zu Fuße des Kreuzes aufs neue füllten, blickten einander unsicher an, bevor sie weitergingen. Bei den Männern, die von der Holzarbeit oder vom Acker kamen, war die Wirkung verschieden: einige lachten, andere schüttelten nur den Kopf, ohne etwas zu sagen; die Mehrzahl blieb davon unberührt und gab weder Beifall noch Ablehnung kund, sondern war gleichgültig, wie sich die Sache auch immer entwickeln würde. Im Ganzen genommen konnten die Männer mit der Wirkung zufrieden sein. Der Pfosten, kerzengerade, trug das Schild mit der weithin sichtbaren Inschrift, die Nachmittagssonne glitt wie ein Finger über die zollgroßen Buchstaben hin und fuhr jeden einzelnen langsam nach wie den Richtspruch an einer Tafel.

Auch der sterbende Christus, dessen blasses, blutüberronnenes Haupt im Tod nach der rechten Seite geneigt war, schien sich mit letzter Kraft zu bemühen, die Inschrift aufzunehmen: man

merkte, sie ging ihn gleichfalls an, welcher bisher von den Leuten als einer der ihren betrachtet und wohl gelitten war. Unerbittlich und dauerhaft wie sein Leiden, würde sie ihm nun für lange Zeit schwarz auf weiß gegenüberstehen. Als die Männer den Kreuzigungsort verließen und ihr Handwerkszeug wieder zusammenpackten, blickten alle drei noch einmal befriedigt zu dem 65
Schild mit der Inschrift auf. Sie lautete: „In diesem Kurort sind Juden unerwünscht."

Vokabeln:

1. *die Passkehre*: Straße, die über einen Gebirgspass führt
2. *das Chrom*: silberweiß glänzendes, zähes Schwermetall
3. *die Haarnadelkurve*: sehr scharfe Kurve in einer Verkehrsstraße
4. *einbüßen*: einen Teil von etw. verlieren
5. *Mantelmadonna*: Mariendarstellung, die die Gläubigen unter ihrem ausgebreiteten Mantel birgt

Arbeitsaufgaben:

1. Wie wird die Landschaft in dieser Ortschaft beschrieben?
2. Was sind die Reaktionen der Betrachter des Schildes?
3. Was bedeutet die Inschrift „J. N. R. J." (Zeile 18)?
4. Was ist die Pointe dieser Kurzgeschichte?

Zusatztext 2

Zentralbahnhof

Günter Kunert

An einem sonnigen Morgen stößt ein Jemand innerhalb seiner Wohnung auf ein amtliches Schreiben: es liegt auf dem Frühstückstisch neben der Tasse. Wie es dahin kam, ist ungewiß. Kaum geöffnet, überfällt es den Lesenden mit einer Aufforderung:

Sie haben sich, befiehlt der amtliche Druck auf dem grauen, lappigen Papier, am 5. November des laufenden Jahres morgens acht Uhr in der Herrentoilette des Zentralbahnhofes zwecks Ihrer Hinrichtung einzufinden. Für Sie ist Kabine 18 vorgesehen. Bei Nichtbefolgung dieser Aufforderung kann auf dem Wege der verwaltungdienstlichen Verordnung eine Bestrafung angeordnet werden. Es empfiehlt sich leichte Bekleidung, um einen reibungslosen Ablauf zu garantieren. Wenig später taucht der solchermaßen Betroffene verzagt bei seinen Freunden auf. Getränke und Imbiß lehnt er ab, fordert hingegen dringlich Rat, erntet aber nur ernstes und bedeutungsvolles Kopfschütteln. Ein entscheidender Hinweis, ein Hilfsangebot bleibt aus. Heimlich atmet man wohl auf, wenn hinter dem nur noch begrenzt Lebendigen die Tür wieder zufällt, und man fragt sich, ob es nicht schon zuviel gewesen ist, sie ihm überhaupt zu öffnen. Lohnte es denn, wer weiß was alles auf sich zu laden für einen Menschen, von dem in Zukunft so wenig zu erwarten ist?

Der nun selber begibt sich zu einem Rechtsanwalt, wo ihm vorgeschlagen wird, eine Eingabe zu machen, den Termin (5. Nov.) aber auf jeden Fall einzuhalten, um Repressalien auszuweichen. Herrentoilette und Zentralbahnhof höre sich doch ganz erträglich und vernünftig an. Nichts werde so heiß gegessen wie gekocht. Hinrichtung? Wahrscheinlich ein Druckfehler. In Wirklichkeit sei „Einrichtung" gemeint. Warum nicht? Durchaus denkbar findet es der Rechtsanwalt, daß man von seinem frisch gebackenen Klienten verlange, er solle sich einrichten. Abwarten. Und vertrauen! Man muß Vertrauen haben! Vertrauen ist das wichtigste.

Daheim wälzt sich der zur Herrentoilette Beorderte schlaflos über seine durchfeuchteten Laken. Erfüllt von brennendem Neid lauscht er dem unbeschwerten Summen einer Fliege. Die lebt! Die hat keine Sorgen! Was weiß die schon vom Zentralbahnhof?! Man weiß ja selber nichts darüber ... Mitten in der Nacht läutet er an der Tür des Nachbarn. Durch das Guckloch glotzt ihn ein Auge an, kurzfristig, ausdruckslos, bis der Klingelnde kapituliert und den Finger vom Klingelknopf löst.

Pünktlich um acht Uhr morgens betritt er am 5. Nov. den Zentralbahnhof, fröstelnd in einem kurzärmeligen Sporthemd und einer Leinenhose, das leichteste, was er an derartiger Bekleidung besitzt. Hier und da gähnt ein beschäftigungsloser Gepäckträger. Der Boden wird gefegt und immerzu mit einer Flüssigkeit besprengt.

Durch die spiegelnde Leere der Herrentoilette hallt sein einsamer Schritt: Kabine 18 entdeckt er sofort. Er schiebt eine Münze ins Schließwerk der Tür, die aufschwingt, und tritt ein. Wild zuckt in ihm die Gewißheit auf, daß gar nichts passieren wird. Gar nichts! Man will ihn nur einrichten, weiter nichts! Gleich wird es vorüber sein, und er kann wieder nach Hause gehen. Vertrauen! Vertrauen! Eine euphorische Stimmung steigt ihm in die Kehle, lächelnd riegelt er das Schloß zu und setzt sich.

Eine Viertelstunde später kommen zwei Toilettenmänner herein, öffnen mit einem Nachschlüssel Kabine 18 und ziehen den leichtbekleideten Leichnam heraus, um ihn in die rotziegeligen Tiefen des Zentralbahnhofes zu schaffen, von dem jeder wußte, daß ihn weder ein Zug jemals erreicht noch verlassen hatte, obwohl oft über seinem Dach der Rauch angeblicher Lokomotiven hing.

> **Vokabeln:**
>
> 1. *lappig:* ohne festen Halt, weich und schlaff
> 2. *verzagt:* ohne Mut und Selbstvertrauen
> 3. *der Imbiß:* kleine, meist kalte Mahlzeit
> 4. *zufallen:* sich [mit einem Schlag] von selbst schließen
> 5. *die Repressalie:* Straf-, Vergeltungsmaßnahme

6. *das Laken:* Betttuch

7. *kapitulieren:* resignierend aufgeben, nachgeben, die Waffen strecken der Leichnam: lebloser Körper, sterbliche Hülle eines verstorbenen Menschen

Arbeitsaufgaben:

1. Wie reagieren die Freunde, der Anwalt und der Nachbar jeweils auf die Hilfesuche der Hauptfigur?
2. Warum ist die Hauptfigur namenlos?
3. Wie wird der Zentralbahnhof geschildert?
4. Welche symbolische Bedeutung hat der Zentralbahnhof?

Lektion 9

Haupttext

Die unsichtbare Sammlung. Eine Episode aus der deutschen Inflation

Stefan Zweig

Zwei Stationen hinter Dresden stieg ein älterer Herr in unser Coupé, grüßte höflich und nickte mir dann, aufblickend, noch einmal ausdrücklich zu wie einem guten Bekannten. Ich vermochte mich seiner im ersten Augenblick nicht zu entsinnen; kaum er dann aber mit einem leichten Lächeln seinen Namen nannte, erinnerte ich mich sofort: er war einer der angesehensten Kunstantiquare Berlins, bei dem ich in Friedenszeit öfter alte Bücher und 5
Autographen besehen und gekauft. Wir plauderten zunächst von gleichgültigen Dingen. Plötzlich sagte er unvermittelt: „Ich muß Ihnen doch erzählen, woher ich gerade komme. Denn diese Episode ist so ziemlich das Sonderbarste, was mir altem Kunstkrämer in den siebenunddreißig Jahren meiner Tätigkeit begegnet ist. Sie wissen wahrscheinlich selbst, wie es im Kunsthandel jetzt zugeht, seit sich der Wert des Geldes wie Gas verflüchtigt: die neuen 10
Reichen haben plötzlich ihr Herz entdeckt für gotische Madonnen und Inkunabeln und alte Stiche und Bilder; man kann ihnen gar nicht genug herzaubern, ja wehren muß man sich sogar, daß einem nicht Haus und Stube kahl ausgeräumt wird. Am liebsten kauften sie einem noch den Manschettenknopf vom Ärmel weg und die Lampe vom Schreibtisch. Da wird es nun eine immer härtere Not, stets neue Ware herbeizuschaffen – verzeihen Sie, daß ich für diese 15

Dinge, die unsereinem sonst etwas Ehrfürchtiges bedeuten, plötzlich Ware sage –, aber diese üble Rasse hat einen ja selbst daran gewöhnt, einen wunderbaren Venezianer Wiegendruck nur als Überzug von soundsoviel Dollars zu betrachten und eine Handzeichnung des Guercino als Inkarnation von ein paar Hundertfrankenscheinen. Gegen die penetrante Eindringlichkeit dieser plötzlichen Kaufwütigen hilft kein Widerstand. Und so war ich über Nacht wieder einmal ganz ausgepowert und hätte am liebsten die Rolladen heruntergelassen, so schämte ich mich, in unserem alten Geschäft, das schon mein Vater vom Großvater übernommen, nur noch erbärmlichen Schund herumkümmeln zu sehen, den früher kein Straßentrödler im Norden sich auf den Karren gelegt hätte.

In dieser Verlegenheit kam ich auf den Gedanken, unsere alten Geschäftsbücher durchzusehen, um einstige Kunden aufzustöbern, denen ich vielleicht ein paar Dubletten wieder abluchsen könnte. Eine solche alte Kundenliste ist immer eine Art Leichenfeld, besonders in jetziger Zeit, und sie lehrte mich eigentlich nicht viel: die meisten unserer früheren Käufer hatten längst ihren Besitz in Auktionen abgeben müssen oder waren gestorben, und von den wenigen Aufrechten war nichts zu erhoffen. Aber da stieß ich plötzlich auf ein ganzes Bündel Briefe von unserm wohl ältesten Kunden, der mir nur darum aus dem Gedächtnis gekommen war, weil er seit Anbruch des Weltkrieges, seit 1914, sich nie mehr mit irgendeiner Bestellung oder Anfrage an uns gewandt hatte. Die Korrespondenz reichte – wahrhaftig keine Übertreibung! – auf beinahe sechzig Jahre zurück; er hatte schon von meinem Vater und Großvater gekauft, dennoch konnte ich mich nicht entsinnen, daß er in den siebenunddreißig Jahren meiner persönlichen Tätigkeit jemals unser Geschäft betreten hätte. Alles deutete darauf hin, daß er ein sonderbarer, altväterischer, skurriler Mensch gewesen sein mußte, einer jener verschollenen Menzel- oder Spitzweg-Deutschen, wie sie sich noch knapp bis in unsere Zeit hinein in kleinen Provinzstädten als seltene Unika hier und da erhalten haben. Seine Schriftstücke waren Kalligraphika, säuberlich geschrieben, die Beträge mit dem Lineal und roter Tinte unterstrichen, auch wiederholte er immer zweimal die Ziffer, um ja keinen Irrtum zu erwecken: dies sowie die ausschließliche Verwendung von abgelösten Respektblättern und Sparkuverts deuteten auf die Kleinlichkeit und fanatische Sparwut eines rettungslosen Provinzlers. Unterzeichnet waren diese sonderbaren Dokumente außer mit seinem Namen

stets noch mit dem umständlichen Titel: Forst- und Ökonomierat a.D., Leutnant a.D., Inhaber   45
des Eisernen Kreuzes erster Klasse. Als Veteran aus dem siebziger Jahr mußte er also, wenn
er noch lebte, zumindest seine guten achtzig Jahre auf dem Rücken haben. Aber dieser
skurrile, lächerliche Sparmensch zeigte als Sammler alter Graphiken eine ganz ungewöhnliche
Klugheit, vorzügliche Kenntnis und feinsten Geschmack: wie ich mir so langsam seine
Bestellungen aus beinahe sechzig Jahren zusammenlegte, deren erste noch auf Silbergroschen   50
lautete, wurde ich gewahr, daß sich dieser kleine Provinzmann in den Zeiten, da man für
einen Taler noch ein Schock schönster deutscher Holzschnitte kaufen konnte, ganz im stillen
eine Kupferstichsammlung zusammengetragen haben mußte, die wohl neben den lärmend
genannten der neuen Reichen in höchsten Ehren bestehen konnte. Denn schon was er bei uns
allein in kleinen Mark- und Pfennigbeträgen im Laufe eines halben Jahrhunderts erstanden   55
hatte, stellte heute einen erstaunlichen Wert dar, und außerdem ließ sich's erwarten, daß er
auch bei Auktionen und anderen Händlern nicht minder wohlfeil gescheffelt. Seit 1914 war
allerdings keine Bestellung mehr von ihm gekommen, ich jedoch wiederum zu vertraut mit
allen Vorgängen im Kunsthandel, als daß mir die Versteigerung oder der geschlossene Verkauf
eines solchen Stapels hätte entgehen können: so mußte dieser sonderbare Mensch wohl noch   60
am Leben oder die Sammlung in den Händen seiner Erben sein.

Die Sache interessierte mich, und ich fuhr sofort am nächsten Tage, gestern abend, direkt
drauflos, geradeswegs in eine der unmöglichsten Provinzstädte, die es in Sachsen gibt; und wie
ich so vom kleinen Bahnhof durch die Hauptstraße schlenderte, schien es mir fast unmöglich,
daß da, inmitten dieser banalen Kitschhäuser mit ihrem Kleinbürgerplunder, in irgendeiner   65
dieser Stuben ein Mensch wohnen sollte, der die herrlichsten Blätter Rembrandts neben
Stichen Dürers und Mantegnas in tadelloser Vollständigkeit besitzen könnte. Zu meinem
Erstaunen erfuhr ich aber im Postamt auf die Frage, ob hier ein Forst- oder Ökonomierat dieses
Namens wohne, daß tatsächlich der alte Herr noch lebe, und machte mich – offen gestanden,
nicht ohne etwas Herzklopfen – noch vor Mittag auf den Weg zu ihm.   70

Ich hatte keine Mühe seine Wohnung zu finden. Sie war im zweiten Stock eines jener
sparsamen Provinzhäuser, die irgendein spekulativer Maurerarchitekt in den sechziger Jahren
hastig aufgekellert haben mochte. Den ersten Stock bewohnte ein biederer Schneidermeister,

links glänzte im zweiten Stock das Schild eines Postverwalters, rechts endlich das Porzellantäfelchen mit dem Namen des Forst- und Ökonomierates. Auf mein zaghaftes Läuten trat sofort eine ganz alte, weißhaarige Frau mit sauberem schwarzen Häubchen auf. Ich überreichte ihr meine Karte und fragte, ob Herr Forstrat zu sprechen sei. Erstaunt und mit einem gewissen Mißtrauen sah sie zuerst mich und dann die Karte an: in diesem weltverlorenen Städtchen, in diesem altväterischen Haus schien ein Besuch von außen her ein Ereignis zu sein. Aber sie bat mich freundlich zu warten, nahm die Karte, ging hinein ins Zimmer; leise hörte ich sie flüstern und dann plötzlich eine laute, polternde Männerstimme: ‚Ah, der Herr R … von Berlin, von dem großen Antiquariat … soll nur kommen, soll nur kommen … freue mich sehr!' Und schon trippelte das alte Mütterchen wieder heran und bat mich in die gute Stube.

Ich legte ab und trat ein. In der Mitte des bescheidenen Zimmers stand hochaufgerichtet ein alter, aber noch markiger Mann mit buschigem Schnurrbart in verschnürtem, halb militärischem Hausrock und hielt mir herzlich beide Hände entgegen. Doch dieser offenen Geste unverkennbar freudiger und spontaner Begrüßung widersprach eine merkwürdige Starre in seinem Dastehen. Er kam mir nicht einen Schritt entgegen, und ich mußte – ein wenig befremdet – bis an ihn heran, um seine Hand zu fassen. Doch als ich sie fassen wollte, merkte ich an der waagerecht unbeweglichen Haltung dieser Hände, daß sie die meinen nicht suchten, sondern erwarteten. Und im nächsten Augenblick wußte ich alles: dieser Mann war blind.

Schon von Kindheit an, immer war es mir unbehaglich, einem Blinden gegenüberzustehen, niemals konnte ich mich einer gewissen Scham und Verlegenheit erwehren, einen Menschen ganz als lebendig zu fühlen und gleichzeitig zu wissen, daß er mich nicht so fühlte wie ich ihn. Auch jetzt hatte ich ein erstes Erschrecken zu überwinden, als ich diese toten, starr ins Leere hineingestellten Augen unter den aufgesträubten weißbuschigen Brauen sah. Aber der Blinde ließ mir nicht lange Zeit zu solcher Befremdung, denn kaum daß meine Hand die seine berührte, schüttelte er sie auf das kräftigste und erneute den Gruß mit stürmischer, behaglich-polternder Art. ‚Ein seltener Besuch', lachte er mir breit entgegen, ‚wirklich ein Wunder, daß sich einmal einer der Berliner großen Herren in unser Nest verirrt … Aber da heißt es vorsichtig sein, wenn sich einer der Herren Händler auf die Bahn setzt … Bei uns zu Hause sagt man immer: Tore und Taschen zu, wenn die Zigeuner kommen ... Ja, ich kann mirs schon denken, warum Sie mich aufsuchen ... Die Geschäfte gehen jetzt schlecht in unserem armen, heruntergekommenen Deutschland, es gibt keine Käufer mehr, und da besinnen sich die großen Herren wieder einmal auf ihre alten Kunden und suchen ihre Schäflein auf ... Aber bei mir, fürchte ich, werden Sie kein Glück haben, wir armen, alten Pensionisten sind froh, wenn wir unser Stück Brot auf dem Tische haben. Wir können nicht mehr mittun bei den irrsinnigen Preisen, die ihr jetzt macht ... unsereins ist ausgeschaltet für immer.'

Ich berichtigte sofort, er habe mich mißverstanden, ich sei nicht gekommen, ihm etwas zu verkaufen, ich sei nur gerade hier in der Nähe gewesen und hätte die Gelegenheit nicht versäumen wollen, ihm als vieljährigem Kunden unseres Hauses und einem der größten Sammler Deutschlands meine Aufwartung zu machen. Kaum hatte ich das Wort ‚einer der größten Sammler Deutschlands' ausgesprochen, so ging eine seltsame Verwandlung im Gesichte des alten Mannes vor. Noch immer stand er aufrecht und starr inmitten des Zimmers, aber jetzt kam ein Ausdruck plötzlicher Helligkeit und innersten Stolzes in seine Haltung, er wandte sich in die Richtung, wo er seine Frau vermutete, als wollte er sagen: ‚Hörst du', und voll Freudigkeit in der Stimme, ohne eine Spur jenes militärisch barschen Tones, in dem er sich noch eben gefallen, sondern weich, geradezu zärtlich, wandte er sich zu mir:

‚Das ist wirklich sehr, sehr schön von Ihnen ... Aber Sie sollen auch nicht umsonst gekommen sein. Sie sollen etwas sehen, was Sie nicht jeden Tag zu sehen bekommen, selbst nicht in Ihrem protzigen Berlin ... ein paar Stücke, wie sie nicht schöner in der ‚Albertina' und in dem gottverfluchten Paris zu finden sind ... Ja, wenn man sechzig Jahre sammelt, da kommen allerhand Dinge zustande, die sonst nicht gerade auf der Straße liegen. Luise, gib mir mal den Schlüssel zum Schrank!'

Jetzt aber geschah etwas Unerwartetes. Das alte Mütterchen, das neben ihm stand und höflich, mit einer lächelnden, leise lauschenden Freundlichkeit an unserem Gespräch teilgenommen, hob plötzlich zu mir bittend beide Hände auf, und gleichzeitig machte sie mit dem Kopfe eine heftige verneinende Bewegung, ein Zeichen, das ich zunächst nicht verstand. Dann erst ging sie auf ihren Mann zu und legte ihm leicht beide Hände auf die Schulter: ‚Aber Herwarth', mahnte sie, ‚du fragst ja den Herrn gar nicht, ob er jetzt Zeit hat, die Sammlung zu besehen, es geht doch schon auf Mittag. Und nach Tisch mußt du eine Stunde ruhen, das hat der Arzt ausdrücklich verlangt. Ist es nicht besser, du zeigst dem Herrn alle die Sachen nach Tisch, und wir trinken dann gemeinsam Kaffee? Dann ist auch Annemarie hier, die versteht ja alles viel besser und kann dir helfen!'

Und nochmals, kaum daß sie die Worte ausgesprochen hatte, wiederholte sie gleichsam über den Ahnungslosen hinweg jene bittend eindringliche Gebärde. Nun verstand ich sie. Ich wußte, daß sie wünschte, ich solle eine sofortige Besichtigung ablehnen, und erfand schnell eine Verabredung zu Tisch. Es wäre mir ein Vergnügen und eine Ehre, seine Sammlung besehen zu dürfen, aber dies sei mir kaum vor drei Uhr möglich, dann aber würde ich mich gern einfinden. Ärgerlich wie ein Kind, dem man sein liebstes Spielzeug genommen, wandte sich der alte Mann herum. ‚Natürlich', brummte er, ‚die Herrn Berliner, die haben nie für was Zeit. Aber diesmal werden Sie sich schon Zeit nehmen müssen, denn das sind nicht drei oder fünf Stücke, das sind siebenundzwanzig Mappen, jede für einen anderen Meister, und keine davon halb leer. Also um drei Uhr; aber pünktlich sein, wir werden sonst nicht fertig.'

Wieder streckte er mir die Hand ins Leere entgegen. ‚Passen Sie auf, Sie dürfen sich freuen – oder ärgern. Und je mehr Sie sich ärgern, desto mehr freue ich mich. So sind wir Sammler ja schon: alles für uns selbst und nichts für die andern!' Und nochmals schüttelte er mir kräftig die Hand.

Das alte Frauchen begleitete mich zur Tür. Ich hatte ihr schon die ganze Zeit eine gewisse Unbehaglichkeit angemerkt, einen Ausdruck verlegener Ängstlichkeit. Nun aber, schon knapp am Ausgang, stotterte sie mit einer ganz niedergedrückten Stimme: ‚Dürfte Sie ... dürfte Sie ... meine Tochter Annemarie abholen, ehe Sie zu uns kommen? ... Es ist besser aus ... aus mehreren Gründen ... Sie speisen doch wohl im Hotel?'

‚Gewiß, ich werde mich freuen, es wird mir ein Vergnügen sein', sagte ich.

Und tatsächlich, eine Stunde später, als ich in der kleinen Gaststube des Hotels am Marktplatz die Mittagsmahlzeit gerade beendet hatte, trat ein ältliches Mädchen, einfach gekleidet, mit suchendem Blick ein. Ich ging auf sie zu, stellte mich vor und erklärte mich bereit, gleich mitzugehen, um die Sammlung zu besichtigen. Aber mit einem plötzlichen Erröten und der gleichen wirren Verlegenheit, die ihre Mutter gezeigt hatte, bat sie mich, ob sie nicht zuvor noch einige Worte mit mir sprechen könnte. Und ich sah sofort, es wurde ihr schwer. Immer, wenn sie sich einen Ruck gab und zu sprechen versuchte, stieg diese unruhige, diese flatternde Röte ihr bis zur Stirn empor, und die Hand verbastelte sich im Kleid. Endlich begann sie, stockend und immer wieder von neuem verwirrt:

‚Meine Mutter hat mich zu Ihnen geschickt ... Sie hat mir alles erzählt, und ... wir haben eine große Bitte an Sie ... Wir möchten Sie nämlich informieren, ehe Sie zu Vater kommen ... Vater wird Ihnen natürlich seine Sammlung zeigen wollen, und die Sammlung ... die Sammlung ... ist nicht mehr ganz vollständig ... es fehlen eine Reihe Stücke daraus ... leider sogar ziemlich viele ...'

Wieder mußte sie Atem holen, dann sah sie mich plötzlich an und sagte hastig:

‚Ich muß ganz aufrichtig mit Ihnen reden ... Sie kennen die Zeit, Sie werden alles verstehen ... Vater ist nach dem Ausbruch des Krieges vollkommen erblindet. Schon vorher war seine Sehkraft öfter gestört, die Aufregung hat ihn dann gänzlich des Lichtes beraubt – er wollte nämlich durchaus, trotz seiner sechsundsiebzig Jahre, noch nach Frankreich mit, und als die Armee nicht gleich wie 1870 vorwärtskam, da hat er sich entsetzlich aufgeregt, und da ging es furchtbar rasch abwärts mit seiner Sehkraft. Sonst ist er ja noch vollkommen rüstig, er konnte bis vor kurzem noch stundenlang gehen, sogar auf seine geliebte Jagd. Jetzt ist es aber mit seinen Spaziergängen aus, und da blieb als einzige Freude ihm die Sammlung, die sieht er sich jeden Tag an ... das heißt, er sieht sie ja nicht, er sieht ja nichts mehr, aber er holt sich doch jeden Nachmittag alle Mappen hervor, um wenigstens die Stücke anzutasten, eins nach dem andern, in der immer gleichen Reihenfolge, die er seit Jahrzehnten auswendig kennt ... Nichts anderes interessiert ihn heute mehr, und ich muß ihm immer aus der Zeitung vorlesen von allen Versteigerungen, und je höhere Preise er hört, desto glücklicher ist er ... denn ... das ist ja das Furchtbare, Vater versteht nichts mehr von den Preisen und von der Zeit ... er weiß nicht, daß wir alles verloren haben und daß man von seiner Pension nicht mehr zwei Tage im Monat leben kann ... dazu kam noch, daß der Mann meiner Schwester gefallen ist und sie mit vier kleinen Kindern zurückblieb ... Doch Vater weiß nichts von allen unseren materiellen Schwierigkeiten. Zuerst haben wir gespart, noch mehr gespart als früher, aber das half nichts. Dann begannen wir zu verkaufen – wir rührten natürlich nicht an seine geliebte

190 Sammlung ... Man verkaufte das bißchen Schmuck, das man hatte, doch, mein Gott, was war das, hatte doch Vater seit sechzig Jahren jeden Pfennig, den er erübrigen konnte, einzig für seine Blätter ausgegeben. Und eines Tages war nichts mehr da ... wir wußten nicht weiter ... und da ... da ... haben Mutter und ich ein Stück verkauft. Vater hätte es nie erlaubt, er weiß ja nicht, wie schlecht es geht, er ahnt nicht, wie schwer es ist, im Schleichhandel das bißchen
195 Nahrung aufzutreiben, er weiß auch nicht, daß wir den Krieg verloren haben und daß Elsaß und Lothringen abgetreten sind, wir lesen ihm aus der Zeitung alle diese Dinge nicht mehr vor, damit er sich nicht erregt.

Es war ein sehr kostbares Stück, das wir verkauften, eine Rembrandt-Radierung. Der Händler bot uns viele, viele tausend Mark dafür, und wir hofften, damit auf Jahre versorgt zu sein. Aber Sie wissen ja, wie das Geld einschmilzt ... Wir hatten den ganzen Rest auf die Bank
200 gelegt, doch nach zwei Monaten war alles weg. So mußten wir noch ein Stück verkaufen und noch eins, und der Händler sandte das Geld immer so spät, daß es schon entwertet war. Dann versuchten wir es bei Auktionen, aber auch da betrog man uns trotz den Millionenpreisen ... Bis die Millionen zu uns kamen, waren sie immer schon wertloses Papier. So ist allmählich das Beste seiner Sammlung bis auf ein paar gute Stücke weggewandert, nur um das nackte,
205 kärglichste Leben zu fristen, und Vater ahnt nichts davon.

Deshalb erschrak auch meine Mutter so, als Sie heute kamen ... denn wenn er Ihnen die Mappen aufmacht, so ist alles verraten ... wir haben ihm nämlich in die alten Passepartouts, deren jedes er beim Anfühlen kennt, Nachdrucke oder ähnliche Blätter statt der verkauften eingelegt, so daß er nichts merkt, wenn er sie antastet. Und wenn er sie nur antasten und
210 nachzählen kann (er hat die Reihenfolge genau in Erinnerung), so hat er genau dieselbe Freude, als wenn er sie früher mit seinen offenen Augen sah. Sonst ist ja niemand in diesem kleinen Städtchen, den Vater je für würdig gehalten hätte, ihm seine Schätze zu zeigen ... und er liebt jedes einzelne Blatt mit einer so fanatischen Liebe, ich glaube, das Herz würde ihm brechen, wenn er ahnte, daß alles das unter seinen Händen längst weggewandert ist. Sie sind der erste
215 in all diesen Jahren, seit der frühere Vorstand des Dresdner Kupferstichkabinetts tot ist, dem er seine Mappen zu zeigen meint. Darum bitte ich Sie ...'

Und plötzlich hob das alternde Mädchen die Hände auf, und ihre Augen schimmerten feucht.

‚… bitten wir Sie … machen Sie ihn nicht unglücklich … nicht uns unglücklich … zerstören Sie ihm nicht diese letzte Illusion, helfen Sie uns, ihm glauben zu machen, daß alle diese Blätter, die er Ihnen beschreiben wird, noch vorhanden sind … er würde es nicht überleben, wenn er es nur mutmaßte. Vielleicht haben wir ein Unrecht an ihm getan, aber wir konnten nicht anders: man mußte leben … und Menschenleben, vier verwaiste Kinder, wie die meiner Schwester, sind doch wichtiger als bedruckte Blätter … Bis zum heutigen Tage haben wir ihm ja auch keine Freude genommen damit; er ist glücklich, jeden Nachmittag drei Stunden seine Mappen durchblättern zu dürfen, mit jedem Stück wie mit einem Menschen zu sprechen. Und heute … heute wäre vielleicht sein glücklichster Tag, wartete er doch seit Jahren darauf, einmal einem Kenner seine Lieblinge zeigen zu dürfen; bitte … ich bitte Sie mit aufgehobenen Händen, zerstören Sie ihm diese Freude nicht!'

Das war alles so erschütternd gesagt, wie es mein Nacherzählen gar nicht ausdrücken kann. Mein Gott, als Händler hat man ja viele dieser niederträchtig ausgeplünderten, von der Inflation hundsföttisch betrogenen Menschen gesehen, denen kostbarster jahrhundertealter Familienbesitz um ein Butterbrot weggegaunert worden war – aber hier schuf das Schicksal ein Besonderes, das mich besonders ergriff. Selbstverständlich versprach ich ihr, zu schweigen und mein Bestes zu tun.

Wir gingen nun zusammen hin – unterwegs erfuhr ich noch voll Erbitterung, mit welchen Kinkerlitzchen von Beträgen man diese armen, unwissenden Frauen betrogen hatte, aber das festigte nur meinen Entschluß, ihnen bis zum Letzten zu helfen. Wir gingen die Treppe hinauf, und kaum daß wir die Türe aufklinkten, hörten wir von der Stube drinnen schon die freudig-polternde Stimme des alten Mannes: ‚Herein! Herein!' Mit der Feinhörigkeit eines Blinden mußte er unsere Schritte schon von der Treppe vernommen haben.

‚Herwarth hat heute gar nicht schlafen können vor Ungeduld, Ihnen seine Schätze zu zeigen', sagte lächelnd das alte Mütterchen. Ein einziger Blick ihrer Tochter hatte sie bereits über mein Einverständnis beruhigt. Auf dem Tische lagen ausgebreitet und wartend die Stöße von Mappen, und kaum daß der Blinde meine Hand fühlte, faßte er schon ohne weitere Begrüßung meinen Arm und drückte mich auf den Sessel.

‚So, und jetzt wollen wir gleich anfangen – es ist viel zu sehen, und die Herren aus Berlin haben ja niemals Zeit. Diese erste Mappe da ist Meister Dürer und, wie Sie sich überzeugen werden, ziemlich komplett – dabei ein Exemplar schöner als das andere. Na, Sie werden ja selber urteilen, da sehen Sie einmal!' – er schlug das erste Blatt der Mappe auf – ‚das große Pferd'.

Und nun entnahm er mit jener zärtlichen Vorsicht, wie man sonst etwas Zerbrechliches berührt, mit ganz vorsichtig anfassenden schonenden Fingerspitzen der Mappe ein Passepartout, in dem ein leeres vergilbtes Papierblatt eingerahmt lag, und hielt den wertlosen Wisch begeistert vor sich hin. Er sah es an, minutenlang, ohne doch wirklich zu sehen, aber er hielt ekstatisch das leere Blatt mit ausgespreizter Hand in Augenhöhe, sein ganzes Gesicht drückte magisch die angespannte Geste eines Schauenden aus. Und in seine Augen, die starren mit ihren toten Sternen, kam mit einem Male – schuf dies der Reflex des Papiers oder ein Glanz von innen her? – eine spiegelnde Helligkeit, ein wissendes Licht.

‚Nun', sagte er stolz, ‚haben Sie schon jemals einen schöneren Abzug gesehen? Wie scharf, wie klar da jedes Detail herauswächst – ich habe das Blatt verglichen mit dem Dresdner Exemplar, aber das wirkte ganz flau und stumpf dagegen. Und dazu das Pedigree! Da' – und er wandte das Blatt um und zeigte mit dem Fingernagel auf der Rückseite haargenau auf einzelne Stellen des leeren Blattes, so daß ich unwillkürlich hinsah, ob die Zeichen nicht doch noch da waren – ‚da haben Sie den Stempel der Sammlung Nagler, hier den von Remy und Esdaile; die haben auch nicht geahnt, diese illustren Vorbesitzer, daß ihr Blatt einmal hierher in die kleine Stube käme.'

Mir lief es kalt über den Rücken, als der Ahnungslose ein vollkommen leeres Blatt so begeistert rühmte, und es war gespenstisch mitanzusehen, wie er mit dem Fingernagel bis zum Millimeter genau auf alle die nur in seiner Phantasie noch vorhandenen unsichtbaren Sammlerzeichen hindeutete. Mir war die Kehle vor Grauen zugeschnürt, ich wußte nichts zu antworten; aber als ich verwirrt zu den beiden aufsah, begegnete ich wieder den flehentlich aufgehobenen Händen der zitternden und aufgeregten alten Frau. Da faßte ich mich und begann mit meiner Rolle.

‚Unerhört!' stammelte ich endlich heraus. ‚Ein herrlicher Abzug.' Und sofort erstrahlte sein ganzes Gesicht vor Stolz. ‚Das ist aber noch gar nichts', triumphierte er, ‚da müssen Sie erst

die ‚Melancholia' sehen oder da die ‚Passion', ein illuminiertes Exemplar, wie es kaum ein zweites Mal vorkommt in gleicher Qualität. Da sehen Sie nur' – und wieder strichen zärtlich seine Finger über eine imaginäre Darstellung hin – ‚diese Frische, dieser körnige, warme Ton. Da würde Berlin kopfstehen mit allen seinen Herren Händlern und Museumsdoktoren.'
Und so ging dieser rauschende, redende Triumph weiter, zwei ganze geschlagene Stunden lang. Nein, ich kann es Ihnen nicht schildern, wie gespenstisch das war, mit ihm diese hundert oder zweihundert leeren Papierfetzen oder schäbigen Reproduktionen anzusehen, die aber in der Erinnerung dieses tragisch Ahnungslosen so unerhört wirklich waren, daß er ohne Irrtum in fehlloser Aufeinanderfolge jedes einzelne mit den präzisesten Details rühmte und beschrieb: die unsichtbare Sammlung, die längst in alle Winde zerstreut sein mußte, sie war für diesen Blinden, für diesen rührend betrogenen Menschen, noch unverstellt da und die Leidenschaft seiner Vision so überwältigend, daß beinahe auch ich schon an sie zu glauben begann. Nur einmal unterbrach schreckhaft die Gefahr eines Erwachens die somnambule Sicherheit seiner schauenden Begeisterung: er hatte bei der Rembrandtschen ‚Antiope' (einem Probeabzug, der tatsächlich einen unermeßlichen Wert gehabt haben mußte) wieder die Schärfe des Druckes gerühmt, und dabei war sein nervös hellsichtiger Finger, liebevoll nachzeichnend, die Linie des Eindruckes nachgefahren, ohne daß aber die geschärften Tastnerven jene Vertiefung auf dem fremden Blatte fanden. Da ging es plötzlich wie ein Schatten über seine Stirne hin, die Stimme verwirrte sich. ‚Das ist doch ... das ist doch die ‚Antiope'?' murmelte er, ein wenig verlegen, worauf ich mich sofort ankurbelte, ihm eilig das gerahmte Blatt aus Händen nahm und die auch mir gewärtige Radierung in allen möglichen Einzelheiten begeistert beschrieb. Da entspannte sich das verlegen gewordene Gesicht des Blinden wieder. Und je mehr ich rühmte, desto mehr blühte in diesem knorrigen, vermorschten Manne eine joviale Herzlichkeit, eine biederheitere Innigkeit auf. ‚Da ist einmal einer, der etwas versteht', jubelte er, triumphierend zu den Seinen hingewandt. ‚Endlich, endlich einmal einer, von dem auch ihr hört, was meine Blätter da wert sind. Da habt ihr mich immer mißtrauisch gescholten, weil ich alles Geld in meine Sammlung gesteckt: es ist ja wahr, in sechzig Jahren kein Bier, keinen Wein, kein Tabak, keine Reise, kein Theater, kein Buch, nur immer gespart und gespart für diese Blätter. Aber ihr werdet einmal sehen, wenn ich nicht mehr da bin – dann seid ihr reich, reicher als alle in der Stadt,

und so reich wie die Reichsten in Dresden, dann werdet ihr meiner Narrheit noch einmal froh sein. Doch solange ich lebe, kommt kein einziges Blatt aus dem Haus – erst müssen sie mich hinaustragen, dann erst meine Sammlung.'

Und dabei strich seine Hand zärtlich, wie über etwas Lebendiges, über die längst geleerten Mappen – es war grauenhaft und doch gleichzeitig rührend für mich, denn in all den Jahren des Krieges hatte ich nicht einen so vollkommenen, so reinen Ausdruck von Seligkeit auf einem deutschen Gesichte gesehen. Neben ihm standen die Frauen, geheimnisvoll ähnlich den weiblichen Gestalten auf jener Radierung des deutschen Meisters, die, gekommen, um das Grab des Heilands zu besuchen, vor dem erbrochenen, leeren Gewölbe mit einem Ausdruck fürchtigen Schreckens und zugleich gläubiger, wunderfreudiger Ekstase stehen. Wie dort auf jenem Bilde die Jüngerinnen von der himmlischen Ahnung des Heilands, so waren diese beiden alternden, zermürbten, armseligen Kleinbürgerinnen angestrahlt von der kindlichseligen Freude des Greises, halb in Lachen, halb in Tränen, ein Anblick, wie ich ihn nie ähnlich erschütternd erlebt. Aber der alte Mann konnte nicht satt werden, an meinem Lob, immer wieder häufte und wendete er die Mappen, durstig jedes Wort eintrinkend: so war es für mich eine Erholung, als endlich die lügnerischen Mappen zur Seite geschoben wurden und er widerstrebend den Tisch freigeben mußte für den Kaffee. Doch was war dies mein schuldbewußtes Aufatmen gegen die aufgeschwellte, tumultuöse Freudigkeit, gegen den Übermut des wie um dreißig Jahre verjüngten Mannes! Er erzählte tausend Anekdoten von seinen Käufen und Fischzügen, tappte, jede Hilfe abweisend, immer wieder auf, um noch und noch ein Blatt herauszuholen: wie von Wein war er übermütig und trunken. Als ich aber endlich sagte, ich müsse Abschied nehmen, erschrak er geradezu, tat verdrossen wie ein eigensinniges Kind und stampfte trotzig mit dem Fuße auf, das ginge nicht an, ich hätte kaum die Hälfte gesehen. Und die Frauen hatten harte Not, seinem starrsinnigen Unmut begreiflich zu machen, daß er mich nicht länger zurückhalten dürfe, weil ich meinen Zug versäume.

Als er sich endlich nach verzweifeltem Widerstand gefügt hatte und es an den Abschied ging, wurde seine Stimme ganz weich. Er nahm meine beiden Hände, und seine Finger strichen liebkosend mit der ganzen Ausdrucksfähigkeit eines Blinden an ihnen entlang bis zu den Gelenken, als wollten sie mehr von mir wissen und mir mehr Liebe sagen, als es Worte vermochten. ‚Sie haben mir eine große, große Freude gemacht mit Ihrem Besuch', begann er mit einer von innen her aufgewühlten Erschütterung, die ich nie vergessen werde. ‚Das war mir eine wirkliche Wohltat, endlich, endlich, endlich einmal wieder mit einem Kenner meine geliebten Blätter durchsehen zu können. Doch Sie sollen sehen, daß Sie nicht vergebens zu mir altem, blinden Manne gekommen sind. Ich verspreche Ihnen hier vor meiner Frau als Zeugin, daß ich in meine Verfügungen noch eine Klausel einsetzen will, die Ihrem altbewährten Hause die Auktion meiner Sammlung überträgt. Sie sollen die Ehre haben, diesen unbekannten Schatz' – und dabei legte er die Hand liebevoll auf die ausgeraubten Mappen – ‚verwalten zu dürfen bis an den Tag, da er sich in die Welt zerstreut. Versprechen Sie mir nur, einen schönen Katalog zu machen: er soll mein Grabstein sein, ich brauche keinen besseren.'

Ich sah auf Frau und Tochter, sie hielten sich eng zusammen, und manchmal lief ein Zittern hinüber von einer zur andern, als wären sie ein einziger Körper, der da bebte in einmütiger Erschütterung. Mir selbst war es ganz feierlich zumute, da mir der rührend Ahnungslose seine unsichtbare, längst zerstobene Sammlung wie eine Kostbarkeit zur Verwaltung zuteilte. Ergriffen versprach ich ihm, was ich niemals erfüllen konnte; wieder ging ein Leuchten in den toten Augensternen auf, ich spürte, wie seine Sehnsucht von innen suchte, mich leibhaftig zu fühlen: ich spürte es an der Zärtlichkeit, an dem liebenden Anpressen seiner Finger, die die meinen hielten in Dank und Gelöbnis.

Die Frauen begleiteten mich zur Tür. Sie wagten nicht zu sprechen, weil seine Feinhörigkeit jedes Wort erlauscht hätte, aber wie heiß in Tränen, wie strömend voll Dankbarkeit strahlten ihre Blicke mich an! Ganz betäubt tastete ich mich die Treppe hinunter. Eigentlich schämte ich mich: da war ich wie der Engel des Märchens in eine Armeleutestube getreten, hatte einen Blinden sehend gemacht für eine Stunde nur dadurch, daß ich einem frommen Betrug Helferdienst bot und unverschämt log, ich, der in Wahrheit doch als ein schäbiger Krämer gekommen war, um ein paar kostbare Stücke jemandem listig abzujagen. Was ich aber mitnahm, war mehr: ich hatte wieder einmal reine Begeisterung lebendig spüren dürfen in dumpfer, freudloser Zeit, eine Art geistig durchleuchteter, ganz auf die Kunst gewandter Ekstase, wie sie unsere Menschen längst verlernt zu haben scheinen. Und mir war – ich kann es nicht anders sagen – ehrfürchtig zumute, obgleich ich mich noch immer schämte, ohne eigentlich zu wissen, warum.

Schon stand ich unten auf der Straße, da klirrte oben ein Fenster, und ich hörte meinen Namen rufen: wirklich, der alte Mann hatte es sich nicht nehmen lassen, mit seinen blinden Augen mir in der Richtung nachzusehen, in der er mich vermutete. Er beugte sich so weit vor, daß die beiden Frauen ihn vorsorglich stützen mußten, schwenkte sein Taschentuch und rief: ‚Reisen Sie gut!' mit der heiteren, aufgefrischten Stimme eines Knaben. Unvergeßlich war mir der Anblick: dies frohe Gesicht des weißhaarigen Greises da oben im Fenster, hoch schwebend über all den mürrischen, gehetzten, geschäftigen Menschen der Straße, sanft aufgehoben aus unserer wirklichen widerlichen Welt von der weißen Wolke eines gütigen Wahns. Und ich mußte wieder an das alte wahre Wort denken – ich glaube, Goethe hat es gesagt „–: ‚Sammler sind glückliche Menschen.'"

Vokabeln:

1. *das Coupé:* [veraltend] Abteil eines Eisenbahnwagens
2. *die Inkarnation*: Verkörperung von etw. Geistigem
3. *penetrant*: aufdringlich und lästig
4. *der Schund*: künstlerisch wertloses Erzeugnis
5. *das Respektblatt*: leeres Blatt am Anfang eines Buches
6. *der Ökonomierat*: Ehrentitel für einen verdienten Landwirt
7. *der Passepartout*: das oder der, Umrahmung aus leichter Pappe für Grafiken, Zeichnungen, Fotos o. Ä.
8. *das Gelöbnis*: feierliches Versprechen
9. *die Ekstase*: das verzückte Außersichsein, die höchste Begeisterung

Arbeitsaufgaben:

1. Diese Erzählung ist eine Rahmenerzählung. Was versteht man unter einer Rahmenerzählung?

Lektion 9

2. Suchen Sie in dieser Erzählung nach Wörtern oder Begriffen aus dem Kunstbereich und erklären Sie sie in der Gruppe.
3. Welche Künstler sind in dieser Erzählung erwähnt? Stellen Sie sie kurz in der Gruppe vor.
4. Auf welche Inflation bezieht sich der Untertitel der Erzählung? Warum gab es diese Inflation?
5. Welche Wörter werden verwendet, um den alten Mann zu charakterisieren?
6. Der alte Mann wird als „Menzel- oder Spitzweg-Deutsche" (Zeile 38) bezeichnet. Was bedeutet das?
7. Gibt es bei dem alten Mann opponierende Charaktereigenschaften?
8. Warum verkaufen die Ehefrau und die Tochter die Sammlung des alten Manns?
9. Wie werden die Ehefrau und die Tochter charakterisiert?
10. Warum ist der alte Mann blind geworden? Welche symbolische Bedeutung könnte die Blindheit des alten Mannes haben?
11. „Sammler sind glückliche Menschen." (Zeile 373/374) Wie lässt sich dieser Satz in Bezug auf die Figur des alten Manns verstehen?
12. Erläutern Sie, warum die Erzählung „Die unsichtbare Sammlung" heißt.
13. Übersetzen Sie die folgende Passage ins Chinesische:

Sie wissen wahrscheinlich selbst, wie es im Kunsthandel jetzt zugeht, seit sich der Wert des Geldes wie Gas verflüchtigt: die neuen Reichen haben plötzlich ihr Herz entdeckt für gotische Madonnen und Inkunabeln und alte Stiche und Bilder; man kann ihnen gar nicht genug herzaubern, ja wehren muß man sich sogar, daß einem nicht Haus und Stube kahl ausgeräumt wird.

Zusatztext 1

Taubers Sammlung

Karl Olsberg

Nur ein Streifen Silberpapier, weiter nichts. Aber das Mädchen mit dem Diamanten im Nasenflügel hatte ihn berührt, und er roch immer noch nach Pfefferminze wie ihr Atem. Tauber faltete ihn auseinander, bis er ein glänzendes Rechteck ergab, voller knittriger Linien. Sein Zeigefinger zitterte über die Silberbeschichtung, als versuche er, die geheime
5   Botschaft der Linien zu entschlüsseln. Vorsichtig schob er das Papier in die Tasche seines grauen Regenmantels. Seine Augen glitten über den vertrauten Heimweg, ohne sich irgendwo festzuhalten. Was er sah, lag Minuten zurück:

Das Mädchen wickelt das Kaugummi aus, wirft das Papier achtlos auf den Bahnsteig, während sie den weichen Streifen in den Mund schiebt. Sie umfasst den Hals des hochgewachsenen,
10   blonden Jungen, bedeckt mit ihren schlanken Händen die kleine Narbe an seinem Nacken. Sie sehen sich in die Augen, versunken in ihrer eigenen Welt, während ihr Kiefer mechanisch vor und zurück mahlt. Sie küssen sich, kurz erst und spielerisch, wie zur Probe; dann noch einmal, sehr lange. Sie holt Luft, lächelt, während er wie benommen dasteht, ein wenig verwirrt und überaus glücklich. Und dann kaut er, kaut ihr Kaugummi, während sie ihm lachend zuwinkt
15   und in der S-Bahn verschwindet.

Tauber schloss die Tür der kleinen Wohnung auf, holte das Silberpapier aus der Manteltasche und glättete es mit Daumen und Zeigefinger. Auf dem dritten Regalboden von unten, zwischen dem Schnuller und dem roten Spielzeugauto, fand er einen geeigneten Platz. Das rote Spielzeugauto. Ganz vertieft hatte der kleine Junge damit gespielt, in der Sandkiste auf dem
20   Spielplatz der Wohnsiedlung. Tauber hatte ihn von seinem Fenster aus beobachtet. Selbst auf diese Entfernung hatte er das Vibrieren der Lippen zu erkennen geglaubt, wenn der Junge „Brumm, brumm!" machte. Dann war der Mann mit dem Bart gekommen. Der Junge hatte

aufgeblickt. Einen Moment hatte er geblinzelt, verwirrt, verunsichert. Er war aufgesprungen, auf den Mann zugelaufen, hatte seine Oberschenkel umarmt – höher reichte er nicht hinauf –, und der Mann hatte ihn hochgehoben und gedrückt und in die Luft geworfen und wieder gedrückt. Sie waren gegangen, und das rote Spielzeugauto war zurückgeblieben. Tauber wärmte sich an der Erinnerung wie an einem Kohleofen im Winter, und es tat weh, wie Wärme eiskalten Händen wehtut.

In der Nacht lag er lange wach, sah immer wieder das junge Paar auf dem Bahnsteig, empfand die Wärme und Fröhlichkeit und Traurigkeit dieses magischen Augenblicks. Wenn er nicht aufpasste, stahlen sich so Bilder dazwischen von roten Lippen und lachenden Augen und kleinen Händen. Bilder, die auf seiner Seele brannten wie Alkohol auf offenem Fleisch.

In dieser Nacht hatte er einen beunruhigenden Traum. Das Kaugummipapier spiegelte sein graues Gesicht, verschwommen und zerknittert. Nach einer Weile löste sich das Spiegelbild auf, verschwand einfach, und mit ihm die Hand, die das Papier hielt. Es schaukelte zu Boden wie ein Herbstblatt, landete unbeachtet zwischen den Füssen vieler Menschen, bis es zertreten war, nur noch Unrat am Strassenrand.

Tauber wusste, was der Traum bedeutete, obwohl er sich den ganzen Morgen gegen die Erkenntnis gewehrt hatte. Zu gross war seine Furcht, dass sie ihn auslachen oder gleich in eine Anstalt für alte Leute einliefern würden, die irgendwelchen Müll in ihren Regalen sammelten. Fremde Menschen. In seiner Wohnung. Er sah schon ihr schlecht überspieltes Erschrecken, wie sie ihm zuhörten, hin und wieder nickten und dabei ihre Blicke vor Scham in den Teppich bohrten. Aber er wusste, es gab keinen anderen Weg, wenn er das Einzige bewahren wollte, das er in all den langen, leeren Jahren geschaffen hatte.

Er begann also mit der alten Frau Schneider. Sie war immer so nett zu ihm, das musste reichen. Er traf sie, als sie mit zwei Plastiktüten von Aldi nach Hause kam, trug ihre Tüten die Treppe hinauf. Er hatte das noch nie getan, also schöpfte sie Verdacht. Ihre Augenbrauen zogen sich zusammen, als er sie fragte, ob er ihr etwas zeigen dürfe. „Was denn?" „Es ist nur ... eine Sammlung."

Da musste sie lachen. „Doch nicht etwa eine Briefmarkensammlung? Mein Herbert hat Briefmarken gesammelt, wissen Sie. So haben wir uns kennengelernt. Er hat gefragt, ob er mir seine Briefmarkensammlung zeigen dürfte. Und er hat das wirklich so gemeint." Sie lächelte, und die junge, anmutige Frau, die noch immer unter all der überschüssigen Haut steckte, lugte aus ihren Augen.

55 Er führte sie in seine Wohnung. Einen Moment lang standen sie vor dem Regal und wussten beide nicht, was sie sagen sollten. Dann fasste sich Tauber ein Herz und begann zu erzählen. Erst, als der tiefgefrorene Fisch in der Aldi-Tüte in ihrer Wohnung längst aufgetaut war, schloss er: „Das ist sie nun also, meine Sammlung." Er zwang sich, sie anzusehen.

Sie stand nur da, schluckte ein-, zweimal, fasste sich ans Auge, als sei ihr ein Insekt 60 hineingeflogen. Dann ging sie, wortlos.

Wenige Minuten später befreite die Türglocke Tauber von seiner Enttäuschung. Frau Schneider hielt einen vergilbten Briefumschlag in beiden Händen. „Ein Liebesbrief. Der erste von meinem Herbert. Er hat eine französische Sondermarke, sehen Sie? Obwohl der Brief in Kaufbeuren abgestempelt ist. Die bei der Post haben es nicht gemerkt!" Sie lächelte. „Das 65 war dann immer ein Spiel zwischen uns: Er schrieb mir Briefe mit Marken aus Marokko oder Bolivien oder Neuseeland. Ein paar Mal habe ich Nachporto zahlen müssen, aber meistens nicht, und dann haben wir uns immer gefreut." Eine kurze Pause entstand. „Ich dachte, vielleicht, für Ihre Sammlung ..."

Es gab nichts, was sich in diesem Moment zu sagen gelohnt hätte. Tauber nahm den Brief mit 70 zitternden Händen und legte ihn neben das rote Spielzeugauto. Er sah ihre Freude, und ehe er es verhindern konnte, zogen sich auch seine Mundwinkel nach oben. Es war ein ungewohntes Gefühl.

Ein paar Tage später klingelte Frau Henke aus dem dritten Stock. Frau Schneider hatte ihr von Taubers Sammlung erzählt, genau wie Herrn Breitkamm. So fing es an.

75 Immer häufiger ertönte Taubers elektronischer Gong, der so lange unbenutzt gewesen war. Die meisten wollten nur mal gucken und gingen rasch wieder. Manche grinsten, manche lachten, manche machten Witze, manche klopften Tauber auf die Schulter. Doch manchmal hörte auch jemand einfach nur zu. Und verstand.

Einige von diesen kamen zweimal, und beim zweiten Mal brachten sie selbst etwas mit: 80 unscheinbare kleine Dinge, nur Müll in den Augen vieler. Sie lächelten, wenn sie ihre eigenen Geschichten vom Glück erzählten. Und manchmal lächelte Tauber mit.

An einem Dienstag im Mai, draussen herrschte Schmetterlingsluft, fühlte er sich stark genug. Er holte den Pappkarton hervor, der all die Jahre ganz hinten in der Abstellkammer auf diesen Tag gewartet hatte. Das war noch übrig von seinem eigenen Glück: ein Fotoalbum. Eine Mappe, darin Geburtsurkunden, Schreiben von der Versicherung, das Familienstammbuch. 85
Ein Hase aus abgegriffenem Plüsch. Und das Foto, das Sophie mit den Zwillingen zeigte, ein Picknick am See, in der Woche vor dem Unfall.
Lange sass Tauber auf dem Boden, zwischen Eimer und Staubsauger, und hielt sich mit beiden Händen an dem schmalen Silberrahmen fest. Endlich stand er auf und stellte das Bild in seine Sammlung. 90

Vokabeln:

1. *der Nasenflügel:* jede der beiden Außenwände der Nase
2. *benommen:* durch eine bestimmte [äußere] Einwirkung auf die Sinne wie leicht betäubt, in seiner Reaktionsfähigkeit eingeschränkt
3. *blinzeln:* die Augenlider rasch auf und ab bewegen
4. *zerknittern:* etw. durch Zusammendrücken faltig, knitterig machen
5. *das Nachporto:* Entgelt, das der Empfänger einer Postsendung nachträglich bezahlen muss, wenn die Sendung z. B. nicht ausreichend frankiert ist

Arbeitsaufgaben:

1. Was bedeutet der beunruhigende Traum von Tauber?
2. Was gibt es in dem Pappkarton? Warum hat Tauber jahrelang den Pappkarton in der Abstellkammer gelassen?
3. Warum sammelt Tauber kleine Dinge wie ein Streifen Silberpapier oder ein rotes Spielzeugauto?
4. Warum will Tauber Frau Schneider seine Sammlung zeigen?
5. Was bedeutet das Sammeln für Tauber?

Zusatztext 2

Ich packe meine Bibliothek aus. Eine Rede über das Sammeln[①]

Walter Benjamin

Ich packe meine Bibliothek aus. Ja. Sie steht also noch nicht auf den Regalen, die leise Langeweile der Ordnung umwittert sie noch nicht. Ich kann auch nicht an ihren Reihen entlang schreiten, um im Beisein freundlicher Hörer ihnen die Parade abzunehmen. Das alles haben Sie nicht zu befürchten. Ich muß Sie bitten, mit mir in die Unordnung aufgebrochener Kisten,

5 in die von Holzstaub erfüllte Luft, auf den von zerrissenen Papieren bedeckten Boden, unter die Stapel eben nach zweijähriger Dunkelheit wieder ans Tageslicht beförderter Bände sich zu versetzen, um von vornherein ein wenig die Stimmung, die ganz und gar nicht elegische, viel eher gespannte zu teilen, die sie in einem echten Sammler erwecken. Denn ein solcher spricht zu Ihnen und im großen und ganzen auch nur von sich. Wäre es nicht anmaßend, hier auf eine

10 scheinbare Objektivität und Sachlichkeit pochend die Hauptstücke oder Hauptabteilungen einer Bücherei Ihnen aufzuzählen, oder deren Entstehungsgeschichte, oder selbst deren Nutzen für den Schriftsteller Ihnen darzulegen? Ich jedenfalls habe es mit den folgenden Worten auf etwas Unverhüllteres, Handgreiflicheres abgesehen; am Herzen liegt mir, Ihnen einen Einblick in das Verhältnis eines Sammlers zu seinen Beständen, einen Einblick ins Sammeln viel mehr

15 als in eine Sammlung zu geben. Es ist ganz willkürlich, daß ich das an Hand einer Betrachtung über die verschiedenen Erwerbungsarten von Büchern tue. Solche Anordnung oder jede andere ist nur ein Damm gegen die Springflut von Erinnerungen, die gegen jeden Sammler anrollt, der sich mit dem Seinen befaßt. Jede Leidenschaft grenzt ja ans Chaos, die sammlerische aber an das der Erinnerungen. Doch ich will mehr sagen: Zufall, Schicksal, die das Vergangene

---

① Hier werden Auszüge aus dieser Rede gezeigt.

vor meinem Blick durchfärben, sie sind zugleich in dem gewohnten Durcheinander dieser Bücher sinnenfällig da. Denn was ist dieser Besitz anderes als eine Unordnung, in der Gewohnheit sich so heimisch machte, daß sie als Ordnung erscheinen kann? Sie haben schon von Leuten gehört, die am Verlust ihrer Bücher zu Kranken, von anderen, die an ihrem Erwerb zu Verbrechern geworden sind. Jede Ordnung ist gerade in diesen Bereichen nichts als ein Schwebezustand überm Abgrund. „Das einzige exakte Wissen, das es gibt", hat Anatole France gesagt, „ist das Wissen um das Erscheinungsjahr und das Format der Bücher." In der Tat, gibt es ein Gegenstück zur Regellosigkeit einer Bibliothek, so ist es die Regelrechtheit ihres Verzeichnisses.

So ist das Dasein des Sammlers dialektisch gespannt zwischen den Polen der Unordnung und der Ordnung.

Es ist natürlich noch an vieles andere gebunden. An ein sehr rätselhaftes Verhältnis zum Besitz, über das nachher noch einige Worte zu sagen sein werden. Sodann: an ein Verhältnis zu den Dingen, das in ihnen nicht den Funktionswert, also ihren Nutzen, ihre Brauchbarkeit in den Vordergrund rückt, sondern sie als den Schauplatz, das Theater ihres Schicksals studiert und liebt. Es ist die tiefste Bezauberung des Sammlers, das einzelne in einen Bannkreis einzuschließen, in dem es, während der letzte Schauer – der Schauer des Erworbenwerdens – darüber hinläuft, erstarrt. Alles Erinnerte, Gedachte, Bewußte wird Sockel, Rahmen, Postament, Verschluß seines Besitztums. Zeitalter, Landschaft, Handwerk, Besitzer, von denen es stammt – sie alle rücken für den wahren Sammler in jedem einzelnen seiner Besitztümer zu einer magischen Enzyklopädie zusammen, deren Inbegriff das Schicksal seines Gegenstandes ist. Hier also, auf diesem engen Felde läßt sich mutmaßen, wie die großen Physiognomiker – und Sammler sind Physiognomiker der Dingwelt – zu Schicksalsdeutern werden. Man hat nur einen Sammler zu beobachten, wie er die Gegenstände seiner Vitrine handhabt. Kaum hält er sie in Händen, so scheint er inspiriert durch sie hindurch, in ihre Ferne zu schauen. Soviel von der magischen Seite des Sammlers, von seinem Greisenbilde könnte ich sagen. – Habent sua fata libelli – das war vielleicht gedacht als ein allgemeiner Satz über Bücher. Bücher, also „Die Göttliche Komödie" oder „Die Ethik" des Spinoza oder „Die Entstehung der Arten", haben ihre Schicksale. Der Sammler aber legt diesen lateinischen Spruch anders aus.

Ihm haben nicht sowohl Bücher als Exemplare ihre Schicksale. Und in seinem Sinn ist das wichtigste Schicksal jedes Exemplars der Zusammenstoß mit ihm selber, mit seiner eigenen Sammlung. Ich sage nicht zuviel: für den wahren Sammler ist die Erwerbung eines alten Buches dessen Wiedergeburt. Und eben darin liegt das Kindhafte, das im Sammler sich mit dem Greisenhaften durchdringt. Die Kinder nämlich verfügen über die Erneuerung des Daseins als über eine hundertfältige, nie verlegene Praxis. Dort, bei den Kindern, ist das Sammeln nur ein Verfahren der Erneuerung, ein anderes ist das Bemalen der Gegenstände, wieder eines das Ausschneiden, noch eines das Abziehen und so die ganze Skala kindlicher Aneignungsarten vom Anfassen bis hinauf zum Benennen. Die alte Welt erneuern – das ist der tiefste Trieb im Wunsch des Sammlers, Neues zu erwerben, und darum steht der Sammler älterer Bücher dem Quell des Sammelns näher als der Interessent für bibliophile Neudrucke. Wie Bücher nun die Schwelle einer Sammlung überschreiten, wie sie Besitz eines Sammlers werden, kurz, über ihre Erwerbsgeschichte jetzt einige Worte.

[…]

Was drängt nicht alles an Erinnerung herbei, hat man sich einmal in das Kistengebirge begeben, um die Bücher im Tag- oder besser im Nachtbau aus ihm herauszuholen. Nichts könnte die Faszination dieses Auspackens deutlicher machen, als wie schwer es ist, damit aufzuhören. Mittags hatte ich begonnen, und es war Mitternacht, ehe ich an die letzten Kisten mich herangearbeitet hatte. Hier aber fielen mir nun am Ende zwei verschossene Pappbände in die Hand, die streng genommen gar nicht in eine Bücherkiste gehören: zwei Alben mit Oblaten, die meine Mutter als Kind geklebt hat, und die ich geerbt habe. Sie sind die Samen einer Sammlung von Kinderbüchern, die noch heut ständig fortwächst, wenn auch nicht mehr in meinem Garten. – Es gibt keine lebendige Bibliothek, die nicht eine Anzahl von Buchgeschöpfen aus Grenzgebieten bei sich beherbergte. Es brauchen nicht Oblatenalben oder Stammbücher zu sein, weder Autographen noch Einbände mit Pandekten oder Erbauungstexten im Innern: manche werden an Flugblättern und Prospekten, andere an Handschriftfaksimiles oder Schreibmaschinenabschriften unauffindbarer Bücher hängen, und erst recht können Zeitschriften die prismatischen Ränder einer Bibliothek bilden. Um aber auf jene Alben zurückzukommen, so ist eigentlich Erbschaft die triftigste Art und Weise zu einer Sammlung zu kommen. Denn die Haltung des Sammlers seinen Besitztümern gegenüber stammt aus dem Gefühl der Verpflichtung des Besitzenden gegen seinen Besitz. Sie ist also im höchsten Sinne die Haltung des Erben. Den vornehmsten Titel einer Sammlung wird darum immer ihre Vererbbarkeit bilden. Wenn ich das sage, so bin ich – das sollen Sie wissen – mir recht genau darüber im klaren, wie sehr solche Entwicklung der im Sammeln enthaltenen Vorstellungswelt viele von Ihnen in Ihrer Überzeugung vom Unzeitgemäßen dieser Passion, in ihrem Mißtrauen gegen den Typus des Sammlers bestärken wird. Nichts liegt mir ferner, als Sie zu erschüttern, weder in jener Anschauung noch diesem Mißtrauen. Und nur das eine wäre anzumerken: Das Phänomen der Sammlung verliert, indem es sein Subjekt verliert, seinen Sinn. Wenn öffentliche Sammlungen nach der sozialen Seite hin unanstößiger, nach der wissenschaftlichen nützlicher sein mögen als die privaten – die Gegenstände kommen nur in diesen zu ihrem Recht. Im übrigen weiß ich, daß für den Typus, von dem ich hier spreche und den ich, ein wenig ex officio, vor Ihnen vertreten habe, die Nacht hereinbricht. Aber wie Hegel sagt: erst mit der Dunkelheit beginnt die Eule der Minerva ihren Flug. Erst im Aussterben wird der Sammler begriffen.

Nun ist es vor der letzten halbgeleerten Kiste schon längst nach Mitternacht geworden. Andere Gedanken erfüllen mich als von denen ich sprach. Nicht Gedanken; Bilder, Erinnerungen. Erinnerungen an die Städte, in denen ich so vieles gefunden habe: Riga, Neapel, München, Danzig, Moskau, Florenz, Basel, Paris; Erinnerungen an die Münchener Prachträume Rosenthals, an den Danziger Stockturm, wo der verstorbene Hans Rhaue hauste, an den muffigen Bücherkeller von Süßengut, Berlin N; Erinnerungen an die Stuben, wo diese Bücher gestanden haben, meine Studentenbude in München, mein Berner Zimmer, an die Einsamkeit von Iseltwald am Brienzer See und schließlich mein Knabenzimmer, aus dem nur noch vier oder fünf der mehreren tausend Bände, die sich um mich zu türmen beginnen, stammen. Glück des Sammlers, Glück des Privatmanns! Hinter niemandem hat man weniger gesucht und keiner befand sich wohler dabei als er, der in der Spitzwegmaske sein verrufenes Dasein weiterführen konnte. Denn in seinem Innern haben ja Geister, mindestens Geistchen, sich angesiedelt, die es bewirken, daß für den Sammler, ich verstehe den rechten, den Sammler wie er sein soll, der Besitz das allertiefste Verhältnis ist, das man zu Dingen überhaupt haben kann: nicht daß sie in ihm lebendig wären, er selber ist es, der in ihnen wohnt. So habe ich eines seiner Gehäuse, dessen Bausteine Bücher sind, vor Ihnen aufgeführt und nun verschwindet er drinnen, wie recht und billig.

Vokabeln:

1. *die Parade:* großer, prunkvoller Aufmarsch militärischer Einheiten, Verbände
2. *anmaßend:* überheblich, arrogant
3. *die Springflut:* bei Voll- und Neumond auftretende, besonders hohe Flut
4. *das Postament:* Unterbau, Sockel (besonders einer Statue, eines Denkmals, einer Büste, auch einer Säule)
5. *mutmaßen:* vermuten, annehmen
6. *die Vitrine:* Schrank mit Türen oder Wänden aus Glas
7. *das Autograph:* von einer bekannten Persönlichkeit eigenhändig geschriebenes Schriftstück
8. *prismatisch:* die Gestalt, Form eines Prismas aufweisend
9. *muffig:* nach Muff riechend
10. *Minerva:* Göttin des Handwerks, der Weisheit und der schönen Künste

Arbeitsaufgaben:

1. Wie charakterisiert Walter Benjamin das Dasein eines Sammlers?
2. Warum wird der wahre Sammler als Schicksalsdeuter bezeichnet?
3. Was ist nach Benjamin das Glück des Sammlers?
4. Versuchen Sie, die obigen zwei Erzählungen mit Benjamins Überlegungen zum Sammeln zu analysieren.

Lektion 10

Hauptttext

Die Waage der Baleks

Heinrich Böll

In der Heimat meines Großvaters lebten die meisten Menschen von der Arbeit in den Flachsbrechen. Seit fünf Generationen atmeten sie den Staub ein, der den zerbrochenen Stengeln entsteigt, ließen sich langsam dahin morden, geduldige und fröhliche Geschlechter, die Ziegenkäse aßen, Kartoffeln, manchmal ein Kaninchen schlachteten; abends spannen und strickten sie in ihren Stuben, sangen, tranken Pfefferminztee und waren glücklich. Tagsüber brachen sie den Flachs in altertümlichen Maschinen, schutzlos dem Staub preisgegeben und der Hitze, die den Trockenöfen entströmte. In ihren Stuben stand ein einziges, schrankartiges Bett, das den Eltern vorbehalten war, und die Kinder schliefen ringsum auf Bänken. Morgens waren ihre Stuben vom Geruch der Brennsuppen erfüllt; an den Sonntagen gab es Sterz, und die Gesichter der Kinder röteten sich vor Freude, wenn sich der schwarze Eichelkaffee an besonders festlichen Tagen hell färbte, immer heller von der Milch, welche die Mutter lächelnd in ihre Kaffeetöpfe goss.

Die Eltern gingen früh zur Arbeit, der Haushalt war den Kindern überlassen: sie fegten die Stube, räumten auf, wuschen das Geschirr und schälten Kartoffeln, kostbare, gelbliche Früchte, deren dünne Schale sie vorweisen mussten, um den Verdacht möglicher Verschwendung oder Leichtfertigkeit zu zerstreuen.

Kamen die Kinder aus der Schule, mussten sie in die Wälder gehen und – je nach der Jahreszeit – Pilze und Kräuter sammeln: Waldmeister und Thymian, Kümmel und Pfefferminz, auch Fingerhut, und im Sommer, wenn sie das Heu von ihren mageren Wiesen geerntet hatten, sammelten sie Heublumen. Die Baleks zahlten einen Pfennig fürs Kilo Heublumen, die in der Stadt in den Apotheken für zwanzig Pfennig das Kilo an nervöse Damen verkauft wurden. Kostbar waren die Pilze: sie brachten zwanzig Pfennig das Kilo und wurden in der Stadt in den Geschäften für eine Mark zwanzig gehandelt. Im Herbst krochen die Kinder weit in die grüne Dunkelheit der Wälder, wenn die Feuchtigkeit die Pilze aus dem Boden treibt, und fast jede Familie hatte ihre Plätze, an denen sie Pilze pflückten, Plätze, die von Geschlecht zu Geschlecht weitergeflüstert wurden.

Die Wälder und die Flachsbrechen gehörten nicht den Menschen, die dort arbeiteten, sondern den Baleks, die im Heimatdorf meines Großvaters ein Schloss besaßen. Dort gab es ein kleines Stübchen, gleich neben der Milchküche, in dem Pilze, Kräuter und Heublumen gewogen und bezahlt wurden. Auf dem Tisch stand die große Waage der Baleks, ein altertümliches, verschnörkeltes, mit Goldbronze bemaltes Ding, vor dem schon die Großeltern meines Großvaters gestanden hatten, die Körbchen mit Pilzen, die Papiersäcke mit Heublumen in ihren schmutzigen Kinderhänden, gespannt zusehend, wie viel Gewichte Frau Balek auf die Waage werfen musste, bis der pendelnde Zeiger genau auf dem schwarzen Strich stand, dieser dünnen Linie der Gerechtigkeit, die jedes Jahr neu gezogen werden musste. Dann nahm Frau Balek das große Buch mit dem braunen Lederrücken, trug das Gewicht ein und zahlte das Geld aus, Pfennige oder Groschen und sehr, sehr selten einmal eine Mark. Und als mein Großvater ein Kind war, stand dort ein großes Glas mit sauren Bonbons, von denen, die das Kilo eine Mark kosteten, und wenn Frau Balek, die damals über das Stübchen herrschte, gut gelaunt war, griff sie in dieses Glas und gab jedem der Kinder einen Bonbon, und die Gesichter der Kinder röteten sich vor Freude, so wie sie sich röteten, wenn die Mutter an besonderen Tagen Milch in ihre Kaffeetöpfe goss, Milch, die den Kaffee hell färbte, immer heller, bis er blond war wie die Zöpfe der Mädchen.

Eines der Gesetze, welche die Baleks dem Dorf gegeben hatten, hieß: Keiner darf eine Waage im Hause haben! Das Gesetz war schon so alt, dass keiner mehr darüber nachdachte, wann und warum es entstanden war, und es musste geachtet werden, denn wer es brach, wurde aus den Flachsbrechen entlassen, dem wurden keine Pilze, kein Thymian, keine Heublumen mehr abgenommen, und die Macht der Baleks reichte so weit, dass auch in den Nachbardörfern niemand ihm Arbeit gab, niemand ihm die Kräuter des Waldes abkaufte. Aber seitdem die Großeltern meines Großvaters als kleine Kinder Pilze gesammelt, sie abgeliefert hatten, damit sie in den Küchen der reichen Prager Leute den Braten würzten oder in Pasteten verbacken werden konnten, seitdem hatte niemand daran gedacht, dieses Gesetz zu brechen: fürs Mehl gab es Hohlmaße, die Eier konnte man zählen, das Gesponnene wurde nach Ellen gemessen, und im übrigen machte die altertümliche, mit Goldbronze verzierte Waage der Baleks nicht den Eindruck, als könnte sie nicht stimmen, und fünf Geschlechter hatten dem auspendelnden schwarzen Zeiger anvertraut, was sie mit kindlichem Eifer im Walde gesammelt hatten.

Zwar gab es zwischen diesen stillen Menschen auch welche, die das Gesetz missachteten, Wilderer, die begehrten, in einer Nacht mehr zu verdienen, als sie in einem ganzen Monat in der Flachsfabrik verdienen konnten, aber auch von diesen schien noch niemand den Gedanken gehabt zu haben, sich eine Waage zu kaufen oder sie zu basteln. Mein Großvater war der erste, der kühn genug war, die Gerechtigkeit der Baleks zu prüfen, die im Schloss wohnten, zwei Kutschen fuhren, die jeweils einem Jungen des Dorfes das Studium der Theologie im Prager Seminar bezahlten, bei denen der Pfarrer jeden Mittwoch zum Tarock war, denen der Bezirkshauptmann, das kaiserliche Wappen auf der Kutsche, zu Neujahr seinen Besuch abstattete, und denen der Kaiser den Adel verlieh.

Mein Großvater war fleißig und klug: er kroch weiter in die Wälder hinein, als vor ihm die Kinder seiner Sippe gekrochen waren, er drang bis in das Dickicht vor, in dem der Sage nach Bilgan, der Riese, hausen sollte, der dort den Hort der Balderer bewacht. Aber mein Großvater hatte keine Furcht vor Bilgan: er drang weit in das Dickicht vor, schon als Knabe, brachte große Beute an Pilzen mit, sogar Trüffeln, die Frau Balek mit dreißig Pfennig das Pfund berechnete. Mein Großvater trug alles, was er den Baleks brachte, auf die Rückseite eines Kalenderblatts ein: jedes Pfund Pilze, jedes Gramm Thymian, und mit seiner Kinderschrift schrieb er rechts daneben, was er dafür bekommen hatte; jeden Pfennig kritzelte er hin, von seinem siebten bis zu seinem zwölften Jahr, und als er zwölf war, kam das Jahr 1900, und die

75　Baleks schenkten jeder Familie im Dorf, weil der Kaiser sie geadelt hatte, ein Viertelpfund echten Kaffee, von dem, der aus Brasilien kommt; es gab auch Freibier und Tabak für die Männer, und im Schloss fand ein großes Fest statt; viele Kutschen standen in der Pappelallee, die vom Tor zum Schloss führt.

　Aber schon vor dem Fest wurde der Kaffee in der kleinen Stube ausgegeben, in der seit fast
80　hundert Jahren die Waage der Baleks stand, die jetzt Balek von Bilgan hießen, weil der Sage nach Bilgan, der Riese, dort ein großes Schloss gehabt haben soll, wo die Gebäude der Baleks stehen.

　Mein Großvater hat mir oft erzählt, wie er nach der Schule dort hinging, um den Kaffee für vier Familien abzuholen: für die Cechs, die Weidlers, die Vohlas und für seine eigene, die
85　Brüchers. Es war der Nachmittag vor Silvester: die Stuben mussten geschmückt, es musste gebacken werden, und man wollte nicht vier Jungen entbehren, jeden einzeln den Weg ins Schloss machen lassen, um ein Viertelpfund Kaffee zu holen.

　Und so saß mein Großvater auf der kleinen, schmalen Holzbank im Stübchen, ließ sich von Gertrud, der Magd, die fertigen Achtelkilopakete Kaffee vorzählen, vier Stück, und blickte
90　auf die Waage, auf deren linker Schale der Halbkilostein liegengeblieben war; Frau Balek von Bilgan war mit den Vorbereitungen fürs Fest beschäftigt. Und als Gertrud nun in das Glas mit den sauren Bonbons greifen wollte, um meinem Großvater eines zu geben, stellte sie fest, dass es leer war: es wurde jährlich einmal neu gefüllt, fasste ein Kilo zu denen zu einer Mark.

　Gertrud lachte, sagte: „Warte, ich hole die neuen", und mein Großvater blieb mit den vier
95　Achtelkilopaketen, die in der Fabrik verpackt und verklebt waren, vor der Waage stehen, auf der jemand den Halbkilostein liegengelassen hatte, und mein Großvater nahm die vier Kaffeepaketchen, legte sie auf die leere Waagschale, und sein Herz klopfte heftig, als er sah, wie der schwarze Zeiger der Gerechtigkeit links neben dem Strich hängenblieb, die Schale mit dem Halbkilostein unten blieb und das halbe Kilo Kaffee ziemlich hoch in der Luft schwebte;
100　sein Herz klopfte heftiger und er suchte aus seiner Tasche Kieselsteine, wie er sie immer bei sich trug, um mit der Schleuder zu schießen – drei, vier, fünf Kieselsteine musste er neben die vier Kaffeepakete legen, bis die Schale mit dem Halbkilostein sich hob und der Zeiger endlich scharf über dem schwarzen Strich lag. Mein Großvater nahm den Kaffee von der Waage,

wickelte die fünf Kieselsteine in sein Sacktuch, und als Gertrud mit der großen Kilotüte voll saurer Bonbons kam, die wieder für ein Jahr reichen musste, um die Röte der Freude in die Gesichter der Kinder zu treiben, als Gertrud die Bonbons rasselnd ins Glas schüttete, stand der kleine blasse Bursche da, und nichts schien sich verändert zu haben. Mein Großvater nahm nur drei von den Paketen, und Gertrud blickte erstaunt und erschreckt auf den blassen Jungen, der den sauren Bonbon auf die Erde warf, ihn zertrat und sagte: „Ich will Frau Balek sprechen!"
„Balek von Bilgan, bitte", sagte Gertrud.
„Gut, Frau Balek von Bilgan", aber Gertrud lachte ihn aus, und er ging im Dunkeln ins Dorf zurück, brachte den Cechs, den Beidlers, den Vohlas ihren Kaffee und gab vor, er müsse noch zum Pfarrer.

Aber er ging mit seinen fünf Kieselsteinen im Sacktuch in die dunkle Nacht. Er musste weit gehen, bis er jemand fand, der eine Waage hatte, eine haben durfte: in den Dörfern Blaugau und Bernau hatte niemand eine, das wusste er, und er schritt durch sie hindurch, bis er nach zweistündigem Marsch in das kleine Städtchen Dielheim kam, wo der Apotheker Honig wohnte. Aus Honigs Haus kam der Geruch frischgebackener Pfannkuchen, und Honigs Atem, als er dem verfrorenen Jungen öffnete, roch schon nach Punsch, und er hatte die nasse Zigarre zwischen schmalen Lippen, hielt die kalten Hände des Jungen einen Augenblick fest und sagte: Na, ist es schlimmer geworden mit der Lunge deines Vaters?

„Nein, ich komme nicht um Medizin, ich wollte ..." Mein Großvater nestelte sein Sacktuch auf, nahm die fünf Kieselsteine heraus, hielt sie Honig hin und sagte: „Ich wollte das gewogen haben."

Ängstlich blickte er in Honigs Gesicht, aber als Honig nichts sagte, nicht zornig wurde, auch nicht fragte, sagte mein Großvater: „Es ist das, was an der Gerechtigkeit fehlt", und mein Großvater spürte jetzt, als er in die warme Stube kam, wie nass seine Füße waren. Der Schnee war durch die schlechten Schuhe gedrungen, und im Wald hatten die Zweige den Schnee über ihn geschüttelt, der jetzt schmolz, und er war müde und hungrig und fing plötzlich an zu weinen, weil ihm die vielen Pilze einfielen, die Kräuter, die Blumen, die auf der Waage gewogen worden waren, an der das Gewicht von fünf Kieselsteinen an der Gerechtigkeit fehlte. Und als Honig, den Kopf schüttelnd, die fünf Kieselsteine in der Hand, seine Frau rief, fielen meinem Großvater die Geschlechter seiner Eltern, seiner Großeltern ein, die alle ihre Pilze und Blumen auf der Waage hatten wiegen lassen, und es kam über ihn wie eine große Woge von Ungerechtigkeit, und er fing noch heftiger an zu weinen, setzte sich, ohne dazu aufgefordert zu sein, auf einen der Stühle in Honigs Stube, übersah den Pfannkuchen, die heiße Tasse Kaffee, die Frau Honig ihm vorsetzte, und hörte erst auf zu weinen, als Honig selbst aus dem Laden vorn zurückkam und, die Kieselsteine in der Hand schüttelnd, leise zu seiner Frau sagte: „Fünfeinhalb Deka, genau."

Mein Großvater ging die zwei Stunden durch den Wald zurück, ließ sich prügeln zu Hause, schwieg, als er nach dem Kaffee gefragt wurde, sagte kein Wort, rechnete den ganzen Abend an seinem Zettel herum, auf dem er alles notiert hatte, und als es Mitternacht schlug, vom Schloss die Böller zu hören waren, im ganzen Dorf das Geschrei, das Klappern der Rasseln erklang, als die Familie sich geküsst, sich umarmt hatte, sagte er in das folgende Schweigen des neuen Jahres hinein: Baleks schulden mir achtzehn Mark und zweiunddreißig Pfennig. Und wieder dachte er an die vielen Kinder, die alle für die Baleks Pilze gesammelt hatten, Kräuter und Blumen, und er weinte diesmal nicht, sondern erzählte seinen Eltern und Geschwistern von seiner Entdeckung.

Als die Baleks von Bilgan am Neujahrstag vom Hochamt in die Kirche kamen, das neue Wappen in Blau und Gold – einen Riesen, der unter einer Fichte kauert – schon auf ihrem Wagen, blickten sie in die harten, blassen Gesichter der Leute, die alle auf sie starrten. Sie hatten im Dorf Girlanden erwartet, am Morgen ein Ständchen, Hoch- und Heilrufe, aber das Dorf war wie ausgestorben gewesen, als sie hindurchfuhren, und in der Kirche wandten sich ihnen die Gesichter der blassen Leute zu, stumm und feindlich, und als der Pfarrer auf die Kanzel stieg, um die Festpredigt zu halten, spürte er die Kälte der sonst so stillen und friedlichen Gesichter. Mühsam stoppelte er seine Predigt herunter und ging schweißtriefend zurück zum Altar. Als die Baleks von Bilgan nach der Messe die Kirche wieder verließen, gingen sie durch ein Spalier stummer, blasser Gesichter. Die junge Frau Balek von Bilgan blieb vorn bei den Kinderbänken stehen, suchte das Gesicht meines Großvaters, des kleinen blassen Franz Brücher, und fragte ihn in der Kirche: „Warum hast du den Kaffee für deine Mutter nicht mitgenommen?" Und mein Großvater stand auf und sagte: „Weil Sie mir noch so viel Geld schulden, wie fünf Kilo Kaffee kosten." Und er zog die fünf Kieselsteine aus seiner Tasche, hielt sie der jungen Frau hin und sagte: „So viel, fünfeinhalb Deka, fehlen auf ein halbes Kilo an ihrer Gerechtigkeit"; und noch ehe die Frau etwas sagen konnte, stimmte die Gemeinde in der Kirche das Lied an: „Gerechtigkeit der Erden, o Herr, hat dich getötet ..."

Während die Baleks in der Kirche waren, war Wilhelm Vohla, der Wilderer, in das kleine Stübchen eingedrungen, hatte die Waage gestohlen und das große, dicke, in Leder eingebundene Buch, in dem jedes Kilo Pilze, jedes Kilo Heublumen, alles eingetragen war, was von den Baleks im Dorf gekauft worden war. Den ganzen Nachmittag des Neujahrtags saßen die Männer des Dorfs in der Stube meiner Urgroßeltern und rechneten, rechneten ein Zehntel von allem, was gekauft worden war. Als sie schon viele tausend Taler errechnet hatten und noch immer nicht zu Ende waren, kamen die Gendarmen des Bezirkshauptmanns, drangen schießend und stechend in die Stube meines Urgroßvaters ein und holten mit Gewalt die Waage und das Buch heraus. Die Schwester meines Großvaters wurde dabei getötet, die kleine Ludmilla, ein paar Männer verletzt, und einer der Gendarmen wurde von Wilhelm Vohla, dem Wilderer, erstochen.

Es gab Aufruhr nicht nur in unserem Dorf, auch in Blaugau und Bernau, und fast eine Woche lang ruhte die Arbeit in den Flachsfabriken. Es kamen sehr viele Gendarmen, und die Männer und Frauen wurden mit Gefängnis bedroht. Die Baleks von Bilgan zwangen den Pfarrer, öffentlich in der Schule die Waage vorzuführen und zu beweisen, dass der Zeiger der Gerechtigkeit richtig auspendelte. Und die Leute gingen wieder in die Flachsbrechen – aber niemand ging in die Schule, um den Pfarrer anzusehen, der ganz allein dastand, hilflos und traurig mit seinen Gewichtssteinen, der Waage und den Kaffeetüten.

Und die Kinder sammelten wieder Pilze, Thymian, Blumen und Fingerhut, aber jeden Sonntag, sobald die Baleks von Bilgan die Kirche betraten, stimmte die Gemeinde das Lied an: „Gerechtigkeit der Erden, o Herr, hat Dich getötet" – bis der Bezirkshauptmann in allen Dörfern austrommeln ließ, dass das Singen dieses Lieds verboten wäre.

Die Eltern meines Großvaters mussten das Dorf und das frische Grab ihrer kleinen Tochter verlassen. Sie wurden Korbflechter, blieben an keinem Ort lange, weil es sie schmerzte, zuzusehen, wie in allen Orten das Pendel der Gerechtigkeit falsch ausschlug. Sie zogen hinter dem Wagen, der langsam über die Landstraße kroch, ihre magere Ziege mit. Und wer ihnen zuhören wollte, konnte die Geschichte von den Baleks von Bilgan hören, an deren Gerechtigkeit ein Zehntel fehlte. Aber es hörte ihnen fast niemand zu ...

Vokabeln:

1. *die Brennsuppe*: eine einfache Suppe aus goldbraun angeröstetem Mehl und Wasser. Brennsuppe gilt als Armeleuteessen.
2. *Deka*: Kurzform für Dekagramm (Ein Deka = 10 Gramm)
3. *Elle*: frühere Längeneinheit (etwa 55–85 cm)
4. *die Flachsbreche*: Gerät zum Zerbrechen der Flachsstängel
5. *der Sterz*: einfache Gerichte in kleinbröckeliger Form aus Mehl oder Kartoffeln und typisches Armeleuteessen

Arbeitsaufgaben:

1. Wann und wo spielt die Geschichte?
2. Was für ein Leben führen jeweils die Dorfbewohner und die Baleks? Finden Sie die Textstellen, die ihr Leben schildern.
3. Welche Gesellschaftsordnung herrscht zu jener Zeit vor?
4. Warum glauben die Dorfbewohner seit Generationen immer an die Richtigkeit der Waage der Baleks?
5. Wie wird die Lüge an der Waage entdeckt?
6. Wie kann man den Großvater des Ich-Erzählers Franz Brücher charakterisieren? Begründen Sie die Charakteristiken mit entsprechenden Textstellen.
7. Wie reagieren die Dorfbewohner auf die Entdeckung, dass die Waage absichtlich falsch geeicht ist?
8. Wie wird die Kirche in dieser Erzählung dargestellt?
9. Das Wort „Gerechtigkeit" kommen im Text mehrmals vor. Finden Sie die

entsprechenden Textstellen und erklären Sie die Bedeutung des Wortes.
10. Welche Funktion hat das Kirchenlied „Gerechtigkeit der Erden, o Herr, hat Dich getötet" in der Erzählung?
11. Wie endet der Aufstand der Dorfbewohner gegen die Baleks?
12. Welche symbolische Bedeutung hat die Waage? Warum heißt die Erzählung *Die Waage der Baleks*?
13. In der Erzählung bleibt die Ungerechtigkeit am Ende erhalten. Die Familie Brüchers muss wegen ihres Widerstands gegen die Baleks die Heimat verlassen. Warum kann sich die Gerechtigkeit nicht durchsetzen?

Zusatztext 1

Vor dem Gesetz

Franz Kafka

Vor dem Gesetz steht ein Türhüter. Zu diesem Türhüter kommt ein Mann vom Lande und bittet um Eintritt in das Gesetz. Aber der Türhüter sagt, daß er ihm jetzt den Eintritt nicht gewähren könne. Der Mann überlegt und fragt dann, ob er also später werde eintreten dürfen.
„Es ist möglich", sagt der Türhüter, „jetzt aber nicht."
Da das Tor zum Gesetz offensteht wie immer und der Türhüter beiseite tritt, bückt sich der Mann, um durch das Tor in das Innere zu sehn. Als der Türhüter das merkt, lacht er und sagt: „Wenn es dich so lockt, versuche es doch, trotz meines Verbotes hineinzugehn. Merke aber: Ich bin mächtig. Und ich bin nur der unterste Türhüter. Von Saal zu Saal stehn aber Türhüter, einer mächtiger als der andere. Schon den Anblick des dritten kam nicht einmal ich mehr ertragen."
Solche Schwierigkeiten hat der Mann vom Lande nicht erwartet; das Gesetz soll doch jedem und immer zugänglich sein, denkt er, aber als er jetzt den Türhüter in seinem Pelzmantel genauer ansieht, seine große Spitznase, den langen, dünnen, schwarzen tatarischen Bart,

entschließt er sich, doch lieber zu warten, bis er die Erlaubnis zum Eintritt bekommt. Der Türhüter gibt ihm einen Schemel und läßt ihn seitwärts von der Tür sich niedersetzen.

Dort sitzt er Tage und Jahre. Er macht viele Versuche, eingelassen zu werden, und ermüdet den Türhüter durch seine Bitten. Der Türhüter stellt öfters kleine Verhöre mit ihm an, fragt ihn über seine Heimat aus und nach vielem andern, es sind aber teilnahmslose Fragen, wie sie große Herren stellen, und zum Schlusse sagt er ihm immer wieder, daß er ihn noch nicht einlassen könne. Der Mann, der sich für seine Reise mit vielem ausgerüstet hat, verwendet alles, und sei es noch so wertvoll, um den Türhüter zu bestechen. Dieser nimmt zwar alles an, aber sagt dabei:

„Ich nehme es nur an, damit du nicht glaubst, etwas versäumt zu haben."

Während der vielen Jahre beobachtet der Mann den Türhüter fast ununterbrochen. Er vergißt die andern Türhüter, und dieser erste scheint ihm das einzige Hindernis für den Eintritt in das Gesetz. Er verflucht den unglücklichen Zufall, in den ersten Jahren rücksichtslos und laut, später, als er alt wird, brummt er nur noch vor sich hin. Er wird kindisch, und, da er in dem jahrelangen Studium des Türhüters auch die Flöhe in seinem Pelzkragen erkannt hat, bittet er auch die Flöhe, ihm zu helfen und den Türhüter umzustimmen. Schließlich wird sein Augenlicht schwach, und er weiß nicht, ob es um ihn wirklich dunkler wird, oder ob ihn nur seine Augen täuschen. Wohl aber erkennt er jetzt im Dunkel einen Glanz, der unverlöschlich aus der Türe des Gesetzes bricht. Nun lebt er nicht mehr lange.

Vor seinem Tode sammeln sich in seinem Kopfe alle Erfahrungen der ganzen Zeit zu einer Frage, die er bisher an den Türhüter noch nicht gestellt hat. Er winkt ihm zu, da er seinen erstarrenden Körper nicht mehr aufrichten kann. Der Türhüter muß sich tief zu ihm hinunterneigen, denn der Größenunterschied hat sich sehr zuungunsten des Mannes verändert.

„Was willst du denn jetzt noch wissen?" fragt der Türhüter, „du bist unersättlich."

„Alle streben doch nach dem Gesetz", sagt der Mann, „wieso kommt es, daß in den vielen Jahren niemand außer mir Einlaß verlangt hat?"

Der Türhüter erkennt, daß der Mann schon an seinem Ende ist, und, um sein vergehendes Gehör noch zu erreichen, brüllt er ihn an:

„Hier konnte niemand sonst Einlaß erhalten, denn dieser Eingang war nur für dich bestimmt.

Ich gehe jetzt und schließe ihn."

Vokabeln:

1. *der Schemel:* meist niedrige, dreibeinige oder vierbeinige Sitzgelegenheit ohne Lehne und mit einer (runden) Sitzfläche für eine Person, Hocker
2. *das Verhör:* richterliche oder polizeiliche Befragung, Vernehmung von Beschuldigten oder Zeugen zur Klärung eines Tathergangs oder Sachverhalts
3. *brummen:* seine Stimme undeutlich und in einer tiefen Lage ertönen lassen

Arbeitsaufgaben:

1. Wie in der Erzählung *Die Waage der Baleks* geht es in Kafkas Kurzprosa auch um die Frage der Macht. Wie wird die Macht in den beiden Texten jeweils dargestellt? Vergleichen Sie die Machtformen in den beiden Texten.
2. Der Eingang ist für den Mann vom Lande bestimmt, aber der Türhüter verweigert ihm den Eintritt. Wie lässt sich dieses Paradox verstehen?

Zusatztext 2

Zeus und das Schaf

Gotthold Ephraim Lessing

Das Schaf mußte von allen Tieren vieles leiden. Da trat es vor den Zeus und bat, sein Elend zu mindern.

Zeus schien willig und sprach zu dem Schafe: Ich sehe wohl, mein frommes Geschöpf, ich habe dich allzu wehrlos erschaffen. Nun wähle, wie ich diesem Fehler am besten abhelfen soll.

5   Soll ich deinen Mund mit schrecklichen Zähnen und deine Füße mit Krallen rüsten? –

O nein, sagte das Schaf, ich will nichts mit den reißenden Tieren gemein haben.

Oder, fuhr Zeus fort, soll ich Gift in deinen Speichel legen?

Ach! versetzte das Schaf, die giftigen Schlangen werden ja so sehr gehasset. –

Nun was soll ich denn? Ich will Hörner auf deine Stirne pflanzen, und Stärke deinem Nacken
10 geben.

Auch nicht, gütiger Vater, ich könnte leicht so stößig werden als der Bock.

Und gleichwohl, sprach Zeus, mußt du selbst schaden können, wenn sich andere, dir zu schaden, hüten sollen.

Müßt ich das! seufzte das Schaf. O so laß mich, gütiger Vater, wie ich bin. Denn das
15 Vermögen, schaden zu können, erweckt, fürchte ich, die Lust, schaden zu wollen; und es ist besser Unrecht leiden als Unrecht tun.

Zeus segnete das fromme Schaf, und es vergaß von Stund an zu klagen.

Vokabeln:

1. *abhelfen:* einen Übelstand beseitigen
2. *die Kralle:* scharfer, gebogener Zehennagel bei vielen Wirbeltieren
3. *reißen:* (von Raubtieren) ein Tier jagen und durch Bisse töten
4. *stößig:* die Angewohnheit haben, mit den Hörnern zu stoßen

Arbeitsaufgaben:

1. Bei diesem Text handelt sich es um eine Fabel. Welche Merkmale zeichnen eine Fabel aus?
2. Charakterisieren Sie das Schaf. Für wen könnte das Schaf stehen?
3. Gibt es eine thematische Ähnlichkeit zwischen dieser Fabel und der Erzählung *Die Waage der Baleks*?
4. Aus einer Fabel lässt sich in der Regel eine Lehre ziehen. Was wäre die Lehre in dieser Fabel?